사랑하며 살래요

사랑하며
살래요

한승진 지음

이담
Books

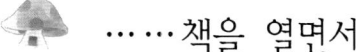 ······책을 열면서

요즘 글샘을 길어 올리는 작업에 몰두하고 있습니다. 천성이 내향적이라 사교적이지 못한 편이기에, 사람 사귐도 잘 못하고, 공식적인 행사에 서는 것도 부담스러워 꺼리곤 합니다. 그러다 보니 흔히 갖는 권력욕이나 자리 욕심도 없습니다. 그저 조용히 집에서 책을 읽곤 합니다. 이런 제가 목사가 되고, 선생이 된 것이 신기하기만 합니다. 그야말로 하나님의 은혜와 이끄심의 결과라고밖에는 말할 수 없습니다.

제가 섬기는 학교와 교회에서 하나님의 섭리를 느끼곤 합니다. 사실 학교와 교회에서 고향, 출신지역, 출신학교가 달라 이와 연관해서 어울릴 사람이 없습니다. 그러니 그저 조용히 제게 주어진 일에 충실하면 되기에, 다른 사람보다는 시간의 여유를 갖고 책을 보고, 생각에 잠기고, 글쓰기를 해 나갈 수 있습니다.

나이 스물여섯에야 겨우 대학에 들어가서 공부하여 국어와 종교 교사자격증을 취득하고, 선생과 목사가 되어 오늘에 이르렀고, 이것이 계기가 되어, 지금의 학교에서 목사와 선생 노릇을 함께 수행하게 되었습니다. 이러한 이유로 일반 교회 목사님들보다 글을 보고, 다듬고,

쓰는 일에 조금이나마 흥미를 갖고 접하는 기회가 많았습니다. 그러다 보니 천부적인 재능은 없지만 자꾸 읽고, 생각하고, 쓰고, 나누며 글에 대한 두려움도 사라지고, 글과 친구가 된 것 같습니다. 여러 사람과 글을 보고, 느낀 바를 나누다 보니 '이문회우'(以文會友)라는 말처럼 여러 지우들도 갖게 되었습니다.

나이 마흔이 넘으면서 우연찮은 기회에 여기저기 글샘을 길어 올리다 보니 어느새 글쓰기가 생활이 되었습니다. 아무래도 글에는 글쓴이의 생각과 느낌과 입장과 의견이 드러납니다. 작은 농촌 학교 목사와 선생으로 살다 보니 제 글에는 이에 대한 이야기들이 드러나기 마련입니다. 문득 '이것이 저의 사명이 아닐까' 하는 생각을 해 보았습니다.

예체능에 재능이 없고, 내향적인 성격으로 남들 앞에 잘 나서지 못합니다. 준비한 것보다 제대로 전달을 못합니다. 이런 제 모습이 싫었고, 이런 모습 때문에 목사와 선생의 길은 아닌 것 같았는데……. 그러나 인생은 제 뜻대로 안 되는 것인가 봅니다. 그토록 아닌 것 같고,

외면하고 싶은 길이었는데, 어느 날 눈떠 보니 제가 목사와 선생으로 살고 있는 것이었습니다. 이게 하나님의 뜻이겠지만 제게 선택의 권한이 있다면 피하고 싶고, 거부권을 행사하고 싶습니다. 그러나 이것도 제게 주어진 길이라면 그리고 제게 적합한 빛깔과 향기를 드러내는 고운 삶이라면 이 길을 묵묵히 가고 싶어졌습니다. 그나마 감사한 것은 제게 주어진 삶이 그저 조용히 들꽃을 보면서 참새소리를 들으면서 깊은 사색을 즐김이 가능한, 제게 적합한 규모의 학교에서 일할 수 있음일 것입니다.

이 자리를 빌려, 3부로 엮어 낸 손으로 쓴 편지를 일일이 워드작업으로 고생해 준 황등중학교 2학년 김찬, 최영도, 이환희와 어눌한 생각을 담아낸 거친 졸고를 꼼꼼하게 교열해 주시고 조언을 해 주신 황등중학교·성일고등학교 선생님들과 월간 ≪기독교교육≫ 조소연 편집기자님과 ≪호밀호두 미아점≫ 한지연 운영자님, 사랑하는 아내 이희순 그리고 자주 놀아 주지 못한 아비의 미안한 마음을 담아 사랑이와 겨레와 가람이에게도 머리 숙여 깊은 감사를 표합니다. 또한 어려운 출판 여건에도 첨단 기기를 갖춘 출판역량으로 책을 낼 수 있도록 해주신 한국학술정보(주) 채종준 대표님과 출판기획, 편집과 디자인 등을 담당해 주신 여러분과 이 책을 만드는 과정에서 노고를 감당해 주신 일꾼님들에게도 진심으로 감사드립니다.

맑고 푸른 가을 하늘빛에 감격하는 날
함박웃음 가득 모아
한승진 올림

| 차례 |

제1부
나의 삶, 나의 이야기

중년기, 글쓰기에 열정을 쏟아요

중년기 초입에 들어선 나이입니다. 요즘 심리학책들을 보니까 중년기에 접어들면 변화의 시기를 보낸다고 하는데, 제가 바로 이 변화의 시기를 보내는 중입니다. 그러니까 오늘의 저는 변화, 변혁, 갱신, 성숙이라는 말들에 휩싸여 있습니다. 중년기를 맞으면 생활에서 점차 활기도 잃고 의욕도 잃어 간다고 하는데 정말 그런 것 같습니다. 저의 인생에서 뭔가 갑자기 빠져나간 것 같은 느낌이 들고, 속이 텅 빈 것 같은 공허감에 우울해지곤 합니다. 그동안 나름대로 치열하게 살아왔습니다. 병약한 몸으로 태어나 가난한 가정환경 속에서 수없이 많은 실패와 아픔을 이겨내고, 온갖 아르바이트를 해 가면서 스물여섯에야 대학에 들어갈 수 있었습니다. 낮에는 대학에서 공부하고, 밤에는 깊은 숙면을 취하지 못하는 야간 아르바이트를 9년간 하면서 대학과 대학원과정을 마치고, 목사와 선생이 되었습니다.

학교에서 목사와 선생으로 근무하고, 퇴근 후엔 올망졸망한 세 아이와 놀아 줘야 하는 아빠로 살아야 하고, 주말에는 교회봉사를 하면서도 박사과정 중이면서 학술논문도 쓰고, 글도 쓰면서 어찌하다 보니 책을 세 권이나 출간하게 되었습니다. 남들이 알아줄 만한 뚜렷한 공적을 자랑할 만한 것은 못 되나 그런대로 열심히 살아오면서 성과물들을 낸 것 같아 저 자신이 스스로를 뿌듯하고, 대견하게 여겨야 하는데 불현듯 저의 모든 학력과 경력과 성과물이 부질없다는 생각이 들곤 합니다. 도대체 뭘 위해 사는 건가 싶기도 합니다.

　20대는 모든 것이 자극적인 도전으로 넘쳐난 듯 열정적이었습니다. 낮엔 대학 다니고 밤에 아르바이트를 하면서도 야학에 가서 배움의 기회를 놓친 분들을 위해 가르치며 봉사도 하고 주말엔 교회에서 전도사직도 수행했습니다. 지금 생각해도 열정과 투지로 살았습니다. 하나하나 성취해 나가고 그에 대한 성과물에 마냥 자랑스러웠습니다. 그런데 40대 초반인 지금은 그때의 열정이 다 식어 버린 듯하고, 왜 사는 건가, 잘 사는 건가 하는 생각이 들곤 합니다. 어려운 경제 여건이지만 교사라는 안정감과 사랑하는 가족이 있으니 기본적인 행복의 조건을 갖춘 듯한데 뭔가 채워지지 않은 목마름으로 의기소침해지곤 합니다. 제 이름이 '승진'인데 승진(昇進)에 대한 욕망이 없습니다. 어떤 일에 대한 도전하려는 마음이나 열정적인 추진력도 쇠잔해진 듯합니다. 그저 주어진 일에 타성에 젖어든 무사안일(無事安逸)로 임하곤 합니다.

　융의 말대로 제 안에서 뭔가 의미와 열정이 빠져나간 것 같은 공허감을 느끼곤 합니다. 중년기에 대한 융의 말입니다. "나는 영혼의 바람 속에서 소용돌이치는 텅 빈 페이지는 아니라는 말을 계속해야 한다." 그런데 저는 이게 잘 안 됩니다. 그동안 치열하게 살아온 제 열정과 투지는 다 어디로 간 것일까 싶습니다.

　이런 상념으로 분주한 일상과 인간관계의 일들에서 일탈하고 싶은 유혹에 빠져들곤 합니다. 그러나 그럴 수 없는 현실이 제 목을 옥죄는 듯하여 더 서글픕니다. 이래저래 마은 상하고 우울한 감정의 앙금들이 풀리지 않은 채, 내면 깊숙히 억눌려 있습니다. 어느 땐 이것들이 난데없이 의식의 틈으로 치고 나오는 흉물스런 배설물이 되기도 합니다. 그러다 보니 어느 순간, 저 자신이 엉성한 허무주의자가 된 듯, 매사에 의욕이 없고, 사는 게 무미건조하게 느껴지곤 하여, 사람들을 만나거나 연락하고 돌아다니는 일을 번거롭게 여기고 그저 조용히 집과 학교와 교회만 다람쥐 쳇바퀴 돌듯 오가는 삶의 모습입니다. 딱히 갈 곳도, 오라는 곳도, 맞이해 즐 벗 하나 없는 듯합니다. 요즘 이렇게 심리적인 우울과 공허감 그리고 자기 비하로 힘든 시간을 보냅니다만 그래도 제 삶의 여백을 채워 가고자 새로운 가치와 의미를 찾아보려고 애쓰는 중입니다. 이것이 없으면 못 견딜 것만 같습니다.

높은 사회적 지위를 얻거나 권력, 명예, 경제적인 안락을 추구하려는 마음은 없습니다. 가끔 아이들과 선생님들 중엔 자신의 지식을 뽐내어, 자신보다 좀 부족한 사람들을 놀라게 하고 다른 사람들의 잘못을 들춰내며, 자신을 드러내려는 이들의 모습이 눈살을 찌푸리게 합니다. 제 스스로 공로(功勞)를 자랑하는 사람은 그 공적(功績)을 잃게 되고, 공을 이루고 물러나지 않는 사람은 실패하며, 명예를 이룬 사람이 그 명예에 그대로 머물러 있으면 수치를 당하게 될 뿐임을 모르는 것 같습니다. 제가 꼭 하고 싶은 것이 무엇인가를 되뇌어 보면서 자신을 받아들이고, 너그러워지려고 애를 써 봅니다. 요즘 몸의 건강도 중요하지만 마음의 건강이 더 중요함을 생각해 보곤 합니다. 저는 정말 중년기에 '참된 나 자신'을 찾아보려고 부단히 애를 쓰며 삽니다.

하늘을 나는 새 중에서 솔개가 가장 장수한다고 합니다. 솔개는 최고 70년까지 산다고 합니다. 그런데 솔개가 70년까지 푸른 하늘을 날며 살기 위해서는 40년이 되는 시점에 절체절명의 위기를 맞는다고 합니다. 솔개는 40년이 되면 날개가 너무 두꺼워지고 무거워져서 하늘을 제대로 날 수 없게 됩니다. 거기다가 부리와 발톱이 너무 길게 자라고 구부러지고 노화되어 그 강함과 날카로움을 잃어버리게 됩니다. 그래서 솔개는 제대로 사냥을 할 수 없게 됩니다.

이때 솔개는 이렇게 늙어 죽느냐, 뼈를 깎는 고통을 참아내고 다시 사느냐 하는 기로에 서게 된 것입니다. 그대로 가만히 있으면 죽고 맙니다. 살려면 약 반 년 동안 고통스러운 갱생(更生)의 과정을 참아내야만 합니다. 갱생의 과정은 그야말로 뼈를 깎는 고통의 과정입니다. 솔개는 우선 산 정상 부근의 높은 곳에 자리를 잡습니다. 그러고는 고통을 참으며 부리가 모두 닳아 없어질 때까지 바위를 쪼아댑니다. 그렇게 부리가 빠지고 난 자리에 새로운 부리가 나게 됩니다. 그러면 이번에는 그 부리로 늙은 발톱을 쪼아 뽑아냅니다. 그다음에는 날개의 깃털을 하나하나 뽑아냅니다. 그리고 새로운 발톱이 돋아나고 깃털이 돋아나기를 기다립니다. 이런 처절한 고통의 과정은 그야말로 환골탈태(換骨奪胎)의 시간입니다. 하지만 이렇게 해서 새로운 부리와 발톱과 깃털을 가진 솔개는 예전과 전혀 다른 솔개가 됩니다. 다시 힘차게 창공을 나는, 민첩하고 날카로운 맹금류로 거듭나게 된 것입니다. 그리고 30년의 세월을 당당하게 하늘을 날게 됩니다.

솔개의 거듭남 이야기는 변화가 살길이며, 자기 갱신·자기 변혁이 곧 성공전략임을 일깨워 줍니다. 변화의 과정은 고통스럽습니다. 하지만 변화의 열매는 달콤합니다. 성장과 발전을 위하여 자기갱신의 과정은 필수적입니다. 노련한 활엽수는 잎을 먼저 떨어뜨릴 줄 안다고 합니다. 혹독한 추위를 견디기 위해 몸체를 줄입니다. 제 살을 깎는 고통 없이는 성장할 수 없습니다.

이제 새로운 삶을 위해, 제2의 삶을 위한 의미를 찾고 그 의미에 매진해 볼 작정입니다. 요즘 떠올려 보는 의미 찾기가 '글쓰기'입니다. 처음엔 남에게 저만의 생각과 느낌의 이야기를 펼쳐 냄이 어설프고 유치한 듯하고, 한심스럽다 싶기도 했습니다. 괜스레 저를 드러냄이 어색하고, 제 이름을 드러내고 싶은 과시욕 아닌가 하는 생각에 주저되기도 했습니다.

그런데 글을 쓰다 보니 자꾸만 제 이야기를 하고 싶어졌습니다. 남이 알아 주든 말든 이런 생각을 하고, 이렇게 느끼면서 산다는 것을 드러내고 싶어졌습니다. 더구나 천성이 내향적이라 저를 드러냄이 못 견디게 어색했던, 어색한 제가 글을 쓰면서 제 이야기를 진솔하게 드러내면서도 껄끄러움이나 부끄러움, 구설수에 오르내릴 것 같은 두려움조차 없어졌습니다.

'말'은 일회적이고 개인적인 것이기에 시간이 지나면 잊혀지기도 하지만 '글'은 오랜 시간 남아서 공식화되기도 하기에 더 부담스럽고 조심스러운 것임을 잘 아는데 어찌 된 일인가 싶었습니다. 글을 쓰다 보면 왜 그렇게 풀어내고 싶은 이야기보따리가 많은지 한없이 길어지곤 합니다. 길면 길수록 허점만 늘어나게 되고, 제 삶이 벌거벗겨지는 듯한 부담이 생기는 데도 말입니다.

아마도 제가 글을 쓰는 이유는 쓰면서 느끼는 희열감 때문인 것 같습니다. 매일 출퇴근하면서 접하는 들꽃 하나, 지나가는 사람들의 표정 하나하나가 글감이 되고, 아이들과 지내는 모든 순간이 꽃봉오리처럼 아름답게 느껴지고, 사랑하는 가족의 일상이 어쩌면 그토록 아름답게 보이는지 모릅니다. 모두가 제겐 소중한 글감으로 살아 숨 쉬는 이야깃거리가 됩니다. 글을 쓰면서 사색에 잠길 때 일상의 지루함을 벗어나는 긴장감도 맛보곤 합니다. 글이 안풀릴 때는 잠시 눈을 감고 고요가 전해 주는 삶의 지혜도 느껴 봅니다. 그러면서 글이 풀려 가기를 바라는 기도도 합니다. 그렇게 다시 마음을 가다듬고 컴퓨터와 마주 앉으면 왠지 모를 안락함에 평안해지곤 합니다.

적어도 컴퓨터 화면에 드러난 제 글샘에서는 누군가로부터 지시를 받거나 억눌리지 않아서 좋습니다. 그 어떤 생각이나 느낌의 실타래를 풀어가는 데 강요 받지도, 제약을 받지도 않아서 좋습니다. 그저 평안하게 의식의 흐름에 따라 글을 쓰다 보면 어느새 제 안에 감춰둔 말들이 춤을 추듯 쏟아져 나옵니다. 저 자신도 모르게 주눅 들었던 마음의 상처와 응어리들이 풀어져 제 세상 만난 듯 쏟아져 나옵니다. 이건 그야말로 예상치 못했던 커다란 기쁨이었습니다. 이렇게 글을 쓰다 보면 푹 고꾸라지는 듯한 우울한 마음에서 조금씩 벗어나는 것 같습니다. 그러면서 이전보다 더 사랑하는 사람들이, 제가 해야 할 과업들이 정답게 다가옵니다. 그렇게 함박웃음 머금고, 유머를 펼치는 저 자신을 발견하고는 깜짝 놀라곤 합니다.

저는 제게 주어진 가정과 학교와 교회 일을 충실히 해 갈 것입니다. 그래도 가끔은 억지로 해야만 하는 주어진 역할 규정이 재미없게 느껴지곤 합니다. 그런 점에서 글쓰기는 나름대로 꾸준히 펼쳐 나갈 즐거움이고, 꿈의 나래를 펼칠 수 있어 좋습니다. 목사, 선생보다는 그저 붓 가는 대로 자유롭게 글샘을 길어 올리는 수필이라는 형식의 글을 써 나가는 수필가, 나름대로 사람 사는 모습을 조금은 논리적으로 살펴보고 참된 가치를 조명해 보는 기독교사회윤리학도로 치열하게 열정을 쏟아붓는 모습이 좋습니다. 가능한 대로 일기를 쓰면서 제 마음을 가만히 어루만지고 깊이 살펴보려 합니다. 그러면서 하루하루 보고 듣고 느끼는 삶의 편린들을 글샘에 담아 보려 합니다.

제 글샘에서 우러나오는 진솔한 삶의 이야기들을 민들레홀씨처럼 날려보내고 싶습니다. 제가 사랑하는 소중한 사람들에 대한 겨자씨와 같은 작은 사랑도 소중히 가꿔 나가려고 합니다. 글샘을 아우르는 매력에 흠뻑 빠져 보면서 가슴 벅찬 희열을 느껴 왔기에 이를 제 살아감의 빛깔과 향기로 삼고자 합니다.

중년기, 마음을 곱게 가꾸며 살래요

마음이란 그릇은 채우면 채울수록 풍요로워지는 게 아니라 허전하게 되는 것인가 봅니다. 그러니 허전하지 않기 위해서, 평온함을 찾기 위해서 얼마나 마음의 그릇을 헹구고 헹궜는지가 중요한 일일 것 같습니다. 문득 채워지지 않는 욕심 때문에 하염없이 체념을 배우게 될까 두려워 미리 마음을 비우는 그 경지 너머에 있는 것 같기도 합니다. 그래서일까요? 황홀경에 빠져들 정도로 막강한 권력과 명예와 명성을 바람이 없습니다. 학교에서 그 어떤 아이 하나에게라도 강압적으로 지배하고 괴롭히지 않으려고 부단히 애를 쓰면서 살고 있습니다. 이런 제가 가끔은 대견하게 느껴지기도 합니다. 저는 오늘 함께하는 소중한 사람들과 사명들을 되새기면서 행복감에 젖어 보았습니다.

날마다 세수를 하듯이 마음을 닦아야 함을 일깨워 준 시가 가슴에 와 닿습니다.

마음

곽재구

아침저녁
방을 닦습니다.

강바람이 쌓인 구석구석이며
흙냄새가 솔솔 풍기는 벽도 닦습니다.
그러나 매일 가장 열심히 닦는 곳은
꼭 한군데입니다.

작은 창 틈 사이로 아침 햇살이 떨어지는 그곳

그곳에서 나는 움켜진 걸레 위에
내 가장 순결한 언어의 숨결들을 쏟아붓습니다.

언젠가 당신이 찾아와 앉을 그 자리
언제나 비어 있지만
언제나 꽉 차 있는 빛나는 자리입니다.

소중한 것을 지키기 위해 온 힘을 쏟는 사람은 힘이 있을 때는 따뜻하게 큰 것을 지키고, 힘이 빠졌을 때는 큰 것에 기대어 따뜻해지는 것 같습니다. 그러기에 산다는 것은 하나님과 온 우주 만물과 함께 어우러지는 것 같습니다. 큰 것을 소중히 지켰던 사람에게 작아지는 것을 받아들이는 것은 고통이 아니라 자유혼의 경지에 이르는 기쁨일 것입니다.

언젠가 읽은 불편한 몸이지만 맑은 영혼의 울림으로 시를 쓰는 로이 캄파넬라의 기도가 생각납니다.

나는 하나님께 나를 강하게 만들어 달라고 기도했습니다.
성공할 수 있도록.
그러나 하나님은 나를 약하게 만드셨습니다.
겸허함을 배우도록.
나는 건강을 기도했습니다.
많은 일을 할 수 있도록.
그러나 나는 허약함을 받았습니다.
더 가치 있는 일을 할 수 있도록.
나는 부유함을 원했습니다.
행복할 수 있도록.
그러나 나는 가난함을 받았습니다.
지혜를 가질 수 있도록.
나는 힘을 달라고 기도했습니다.
사람들의 찬사를 받을 수 있도록.
그러나 나는 열등함을 받았습니다.
하나님의 필요함을 느끼도록.
나는 내가 필요한 것을 하나도 받지 못했지만
내게 필요한 모든 것을 받았습니다.

이제 나이 마흔 둘인 저는 제 삶을 정돈해 가면서 조금씩 단단해지려 합니다. 제가 좋아하는 나무 중 하나가 대나무입니다. 대나무는 다섯 해는 지나야 뿌리가 빽빽하게 펴져서 자랍니다. 그렇게 오랜 시간이 지나야 단단한 뿌리에서 비로소 커다랗게 자랍니다. 저의 사람됨도 시나브로 예수 닮기로 성숙되어 가기를 기도해 봅니다.

중년기를 다룬 심리학 책에서 본 내용입니다. 중년기에 남성이 자신 안의 여성성인 아니마를 성숙시키지 못하면 그의 아니마는 정상적으로 발달하지 못하고 허약하고 과민한 상태로 남을 수밖에 없다고 합니다. 그렇게 되면 내면에서 우러나오는 감정을 잘 표현하지 못

하고, 슬픔과 외로움에 목놓아 울지 못하고, 왠지 모를 허전함에서 쉽게 헤어 나오지 못하게 된답니다. 중년기를 보내는 저는 제 안의 여성성이랄까요, 조금씩 풍성해지는 감성을 소중히 여기고, 이를 가꿔 보려 합니다.

강준민 목사님의 『기쁨의 영성』에 나오는 말입니다.

> "슬픔의 눈물과 기쁨의 눈물이 동일한 눈에서 나옵니다. 똑같은 눈에서 슬픔과 기쁨이 함께 만납니다. 동일한 마음의 샘에서 슬픔이 솟구치기도 하고 기쁨이 솟구치기도 합니다. 슬픔을 모르는 사람은 기쁨도 모릅니다."

살다 보면 눈물짓기도 하고, 잇몸이 드러나도록 환하게 웃기도 합니다. 그래서 울다가 웃고, 웃다가 울곤 합니다. 울다가 웃으면 엉덩이에 뿔 난다는데 아닌가 봅니다. 마음속에서 하루에도 여러 번 울다가 웃다가 하면서 삽니다. 슬픔과 기쁨도 한 몸처럼 맞닿아 있습니다. 슬픔 안에 기쁨이, 기쁨 속에 슬픔이 잠겨 있습니다. 하나님 사랑 안에서 슬플 때는 목놓아 울어도 보고, 기쁠 때는 남의 눈치 안 보고 속 시원하게 기뻐하면서 말입니다.

가끔은 몸살을 앓습니다. 몸살이란 게 '몸의 소리'라고 하는데 아마 내면의 제가 울부짖는 무의식의 소리일 것입니다. 가끔 제 마음에 어디서 왔는지 모를 바람이 붑니다. 심장이 울렁거리고 어깨가 으스러지고, 등허리가 찬 서리 맞은 듯 아프게 다가온 바람……. 이건 그리움이요, 외로움일 것입니다. 예배당 입구에 웅장하게 우뚝 서서 그 위엄에 놀라곤 하는 육중한 종소리의 울림처럼 들려오는 소리는 뭔가 채워지지 않은 내면의 목마름일 것입니다.

오늘은 가끔 찾아오는 반가운 손님인 몸살을 재빨리 쫓아내기 위해 병원이나 약의 도움을 받아 떨쳐 버리지 않고, 가만히 제 몸으로 받아들이면서 고요히 혼자만의 시간 속으로 침잠해 보렵니다. 뭔가 제 마음 깊은 곳의 소리를 들어 보려고 합니다.

용서와 용납

오늘 아침, 아내가 제 얼굴을 보더니 "좀 부었다." 고 하였습니다. 그런데 이를 어쩌나……. 제게 일요일은 쉬는 날이 아 닌 바쁘고 긴장되는 주일입니다. 오늘도 아침부터 교회 가서 예배드 리고, 설교하고 회의에 참석해야 하는 등 분주하게 보내야만 했습니 다. 이렇게 보내고 나서 쉬면 좋으련만 오늘 저녁에도 일정이 잡혀 있습니다. 오늘 저녁 7시에 이리제일교회 창립 90주년 기념음악회로 '박종호 성가콘서트'가 열린다고 하여 가기로 약속한 것입니다.

저는 박종호 님의 성가를 좋아하지만 정작 한 번도 뵙거나 라이브 로 접한 적이 없었고, 겨레가 음악을 워낙 좋아하는 악동(樂童)이기에 가족 모두가 꼭 가기로 하였습니다. 사실은 어제 저녁에도 이리신광 교회에서 부흥회 겸 음악회가 열린다고 하여 가기로 하고는 못 가고 말았습니다. 역시 나이는 못 속이는가 봅니다. 가족나들이에 겨레를 안아 주고 목마 태우느라 피곤했는지 그만 곯아떨어져서 일어나질 못하고 말았습니다. 다행히도 사랑이나 겨레도 피곤한지 간절하게 가 자고 졸라대질 않았습니다. 지금보다 젊었을 땐, 열심히 공부하느라 밤을 잊곤 했는데 이젠 그게 마음먹은 대로 되질 않습니다. 제 나름대로는 글쓰기에도 열중하고 싶지만 ≪크리스챤신문≫ 연재 글은 구상만 하고 ≪기독교교육≫ 연재 글과 독후감 공모는 엄두도 못 내고 말았습니다. 열심히 글을 쓰고 싶지만 몸이 따라 주지 않으니 이를 어떻게 해야 하나 싶었습니다.

오늘 저녁 박종호 성가콘서트는 아주 감동적이었습니다. 부르는 성가의 감미로움과 웅장함이 주는 감동은 물론이고 무대 매너와 멘트의 탁월함은 탄성을 자아내게 하였습니다. 정식으로 서울대에서 성악을 전공한 성가사(聖歌士)답게 부르는 성가마다 여느 CCM(현대 감각의 기독교 음악) 사역자와는 격이 다른 듯한 느낌이었습니다. 육중한 몸은 경쾌한 곡을 부를 때는 그에 맞춰 율동도 곁들이는데 역시 프로답다는 생각이 절로 들었습니다.

경쾌한 곡에는 사랑이와 겨레도 흥에 겨워 춤을 추었습니다. 저희 가족 뒤에 앉아 계셨던 어느 할머니는 겨레가 박수를 치고 몸을 이리저리 흔들면서 춤추는 게 보기 좋으셨는지 쓰다듬어 주시면서 칭찬을 해 주셨습니다. 겨레는 음악을 아주 좋아합니다. 3살이지만 만으로는 1살로, 말도 제대로 못 하면서 성가에 맞춰 "아멘", "아멘" 하면서 좋아했습니다.

박종호 님은 성가를 부르고는 고요한 배경음악에 맞춰 간증을 하였습니다. 열정적인 성가를 부를 때와는 다르게 잔잔한 음성으로 들려 주시는 아버지와 얽힌 가족사 이야기는 눈물겨운 아픔으로 다가왔습니다.

자신의 아버님이 불교신자회 회장을 하실 정도로 독실한 불교신자이신데 서울대 성악과 4년 장학생인 아들이 갑자기 기독교음악가가 되겠다고 했으니 부자 간의 갈등은 이루 말할 수 없을 지경이었을 것입니다. 더욱이 자신의 어머니가 세 번째였음을 전혀 모르다가 결혼 준비 때 주민등록초본을 보고서야 알게 되었다는 이야기, 아버님과의 애증 관계로 돌아가실 때까지 제대로 찾아뵙지도 않다가 의식 불명 이실 때에야 찾아가서 복음을 전한 이야기를 했습니다. 그야말로 하기 어려운 아픔을 이야기하면서 용서에 대해 전한 메시지가 가슴에 남았습니다. 가장 가까운 사람을 용서한다는 것이 얼마나 어려운지, 그러나 그것도 꼭 필요한 삶의 과정임을……. 용서란 남을 위한 것보다 바로 자신을 위한 것임을…….

집으로 돌아오는 길에 제 머릿속에선 '용서'라는 단어가 꽉 들어찬 것만 같았습니다. 몸의 어느 부분에 응어리가 생기면, 심각한 몸의 병이 되기도 합니다. 그러나 근육이 뭉친 덩어리보다 더 무서운 것은 감정이 맺혔을 때입니다. 남녀노소, 사회적인 계층과 지위에 상관없이, 대부분의 사람들은 마음에 응어리가 맺히는 경험을 합니다. 이때 미처 응어리를 풀지 못한 채 마음에 품고 산다면, 결국 자신과의 관계는 물론 가족과 이웃과의 관계, 사회적인 활동에도 영향을 미치게 됩니다.

일단 누군가를 미워하고 분노하게 되면, 마음에 평화를 담아내기가 어렵습니다. 그러니 마음속에 응어리를 품고 살아가는 삶은 지옥과 같습니다. 더욱이 그 대상이 가족일 때, 그 아픔은 더욱 클 것입니다. 풀지 않으면 더욱 악화되는 응어리, 이 응어리를 풀어내는 시작점이 바로 '용서'입니다. 언젠가 <내 머릿속의 지우개>라는 영화에서 용서에 대한 여주인공의 대사가 떠올랐습니다. 정확히는 기억이 안 나는데 이렇게 말한 것 같습니다. "용서란 마음의 집에 그저 작은 방 한 칸을 비워 두고 그곳에 그 사람을 맞이하는 것이다."

용서는 우리의 상처로부터 고통의 가시를 빼내어 치유하는 것입니다. 용서, 가장 가까운 사람을 용서하지 못하면 모든 인간관계가 어그러지고 말 것입니다. 아무리 잊으려고 해도 용서치 못한 미움과 애써 무관심하려 함이 마음의 쓴 뿌리가 되어, 무의식적으로 남아 마음을 짓누르게 하는 것입니다. 그러니 마음의 짐을 내려놓고, 모든 인간관계를 잘하기 위해서도 결국 용서라는 과제를 수행해야만 할 것입니다.

저도 문득 제 아버지와의 관계를 떠올려 보았습니다. 어린 시절, 속으로 많이 원망하고 미워했습니다. 아버지의 무능, 말도 안 되는 억지와 강요……. 그런데 어느 순간 아버지를 미워하거나 원망하지 않았습니다. 한 해, 두 해 연세 드시면서 약해지심이 안쓰럽게 느껴졌습니다. 그러나 사실 그것만은 아닙니다. 25살 때부터 9년간 집을 떠나 야간 아르바이트하면서 아버지를 접할 기회가 적었고, 평소에도 아버지와 말을 잘 안 하기에 별로 사귐이 없었습니다. 그러니 사실 아버지를 미워함도, 원망도 아닌게 되었습니다. 사실 미움보다 더 무서운 게 바로 무관심인데 저는 아버지에게 관심이 없었습니다. 사랑의 반대는 증오가 아닌 무관심이라는데 제가 그런 것 같습니다.

신영복 선생님의 『처음처럼』에 나오는 글입니다.

사랑과 증오

증오하는 경우든 증오를 받는 경우든
실로 견디기 어려운 고통과 불행이 수반되게 마련이지만,
증오(憎惡)는 '있는 모순(矛盾)'을 유화(宥和)하거나
은폐함이 없기 때문에 피차의 입장과 차이를 선명히 드러내 줍니다.
그러므로 우리는 증오의 안받침이 없는

사랑의 이야기를 신뢰하지 않습니다.
왜냐하면 증오는 '사랑의 방법'이기 때문입니다.

그러고 보면 아버지에게 무관심합니다. 떨어져 살면서 전화 연락을 잘 안 합니다. 부자 간의 대화란 게 무슨 일이 생겨야 통화하는 정도입니다. 무소식이 희소식이라도 되는 듯……. 그러면서 사랑이에게는 할아버지께 자주 전화 드리라고 합니다. 가끔 아버지가 전화하셔도 대화가 1분을 넘는 경우가 드뭅니다. 제게 아버지와의 관계는 아직도 풀리지 않은 아픔인가 봅니다. 그래서 그런지 제 딸, 아들과는 대화를 많이 하는 사이, 친구처럼 지내고 싶습니다. 무뚝뚝한 아버지와 제 관계가 싫어서인지 이런 바람이 더 간절합니다. 아직도 아버지를 용납하지 않는 건 아닌지 모르겠습니다.

오늘 밤에도 꼭 끝내려고 한 글쓰기를 마무리 짓지 못하고 말았습니다. 글을 써야 하는데 자꾸만 눈이 감겼습니다. 천근만근 감기는 눈꺼풀은 도저히 이길 수 없는 강적임을 사삼 느꼈습니다. 저도 모르게 그만 잠이 들고 말았습니다. 그래서 ≪기독교교육≫ 연재 글을 미처 마치지 못했습니다. 이달 말까지 글을 써서 보낸다고 했는데, 이러다가 거짓말쟁이 양치기 소년이 되는 건 아닌가 싶습니다. 지금까지 연재 글을 써 감에 있어, 마감 날짜를 넘긴 적이 없었습니다. 이거 참~ 마감 날짜 넘기는 만행이 이번이 처음이자 마지막이기를 바라는데 잘될까 싶기도 합니다. 설마 이번을 시작으로 다음에도 편집기자님의 애를 태우는 문제 집필자가 되면 어쩌나 싶었습니다.

다음 날 아침, 편집기자님에게 속절없이 죄인이 되어 사과와 다짐의 메일을 보냈습니다. 마침 내일모레면 지방선거일로 쉬는 날이니

며칠만 기다려 주십사 간청을 드리고, 다음부턴 마감날짜를 안 넘기도록 미리 글을 써 둘 것을 굳게 다짐하는 글이었습니다만 맹세나 약속은 안 했습니다. 또 그럴지도 모른다는 생각에서였습니다. 성서에도 맹세는 삼가라고 하였습니다. 사람이 다 약해서 온전치 못하니 함부로 맹세할 수 없을 듯합니다. 그저 최선을 다할 뿐 부득이한 경우는 사람의 힘으로는 안 되는 것이니까요. 이번에 마감날짜를 어기는 불상사를 저질렀지만 제 자신에 대해 별로 자책감이 들지 않았습니다. 이제 제 자신을 좀 용납하면서 살렵니다. 뭐 그럴 수도 있지 싶습니다. 저라도 저를 좀 봐주고 아껴 주려고 합니다. 이런 맘이 드니 참 좋습니다.

제 딴엔 잘 되면 이번 학기나 여름방학 때 단행본을 한 권 내려고 하는데 생각처럼 될까 싶기도 합니다. 사실 경제적인 문제나 출판사 섭외 등의 문제도 쉽지 않습니다. 마침 이문회우(以文會友)로 벗이 되고 도반(道伴)이 된 한국학중앙연구원에서 종교를 연구하는 고병철 박사님이 알려 주신 정보로 알아본 곳이 한국학술정보(주)라는 곳입니다. 인터넷 창에서 홈페이지를 찾고 관련 정보를 얻은 후, 이메일로 제 글모음의 샘플을 보냈습니다. 지금 쓰고 있는 연재도 잘되면 이곳에서 내년 초에 간행하려고 합니다. 그리고 내년 박사학위 논문도 여기서 간행할 생각입니다. 수익성보다 공익성을 생각하는 시스템을 갖춘 것 같아 제게는 적합한 곳입니다. 이런 곳들이 좀 많아지면 좋겠습니다. 저와 같은 무명서생이나 돈 안 되는 인문학도의 글은 아무리 잘 써도 출판하기가 어렵습니다. 이렇게 저렇게 알아보고 도전하니 책을 낼 곳을 알게 되었습니다. 역시 뜻이 있는 곳에 길이 있나 봅니다.

저는 요즘 가급적 일기를 씁니다. 사실 제 삶의 자리에서 매일 한

두 시간씩 걸려 일기를 쓴다는 게 쉬운 일이 아닙니다. 학교와 교회의 일로 그리고 제가 하고 있는 공부와 글쓰기로 정신없이 삽니다. 그런데도 누가 시키는 것도 아닌데 글쓰기를 치열하게 하고 있습니다. 이게 좋아서입니다. 글쓰기는 저를 돌아보고, 찾아나가는 소중한 여행과도 같습니다. 더러는 기독교 신문이나 잡지에 글을 기고하여 게재되곤 합니다. 엊그제는 《목회자신문》에 실린 제 글을 보고 한국교직자선교회라는 곳에서 연락이 왔습니다. 그곳에서 발행하는 《사랑의 교육》이라는 회지에 실어도 되냐고 하기에 허락하였습니다. 이건 뭐~ 허락이 아니라 제가 더 감사한 일이었습니다. 부족한 사람의 글을 좋게 봐주심도 감사하여 새로 써야 할 것 같은데 그냥 쓴 걸 실어 주신다니 감사하고 송구한 마음이었습니다.

문득 요즘 여기저기 제 주위에서 높은 자리에 연연하는 신앙인들을 보고 있자니 조금 서글퍼집니다. 목사님들도 좀 그렇습니다. 자리욕심은 버린 지 오래이기에 이에 대해선 자유롭습니다. 옛 선비들은 관직을 권하는 말을 들으면, 흘러가는 물에 귀를 씻었다고 합니다. 다행히 여건상 꿈도 꾸기 어려우니 좋습니다. 그러니 욕심을 낼 수도 없고, 다른 이들이 경쟁상대로 여기지도 않으니 참 좋습니다. 요즘 학교에서 아이들이 제 이름을 가지고 놀려대는 게 재미있나 봅니다. 저만 보면 웃고 키득키득합니다. "새엠, 한 번이라도 승진하셔야죠." "그날이 언젤까~", "언제 승진하시려나?" 제 이름처럼 승진하는 건 전혀 아닙니다. 하기야 제 이름의 승진은 한자가 다릅니다. 그렇다고 박사학위 취득하여 대학 강단에 서는 것도, 글 써서 유명해지는 것도, 돈 버는 것도 아닙니다. 그저 중년기에 뭔가 채워지지 않는 듯한 목마름을 글쓰기로 치열하게 몰입하여 제 에너지를 건강하게 승화시키고 싶을 뿐입니다.

자리를 차지하려는 욕심으로 제 삶의 목표를 설정하고 몰입할 수 없으니, 다른 뭔가로 제 삶에 의미를 두고 활기차게 추동(推動)해 나갈 것이 필요한데 이게 바로 글쓰기인 듯합니다. 사실 요즘 간혹 느끼는 중년기의 공허함을 잊기 위해서라도 여기저기 마구 쓸 곳들을 찾습니다. 원고료는 바라지도 않습니다. 그저 게재만 해 준다면, 아니, 도전하게만 해 준다면 이에 목표를 두고 몰입하면서 살듯 합니다. 그리고 제 성격 중 무엇인가 주어져야 수행하는 '노예근성'이 있습니다. 뭘 언제까지, 어떻게 하라는 지침이 내려져야 이에 맞춰 글을 쓰지, 알아서 하라고 하면 막연한 생각에 시도조차 못 하고 맙니다. 저는 이미 목사가 되었고, 선생이 되었습니다. 장가도 갔고, 아비도 되었지만 아직 제 꿈은 식지 않은 사람이고 싶습니다. 늘 꿈꾸는 소년으로 살고 싶습니다.

제가 좋아하는 『중용』(中庸)에 나오는 '이문회우'(以文會友)라는 말처럼 그저 제 글로 벗을 삼고, 제 삶의 이야기를 나누고 싶을 뿐입니다. 그렇게 하지 않으면 중년기의 우울을 못 견딜 것 같기도 합니다. 융의 말대로 중년기에 새로운 의미를 찾아야만 견뎌낼 듯합니다.

글쓰기……. 저는 예체능에 대한 재주가 하나도 없습니다. 아무리 배우고 익히려고 해도 작심삼일이었습니다. 그렇다고 글쓰기를 잘하는 건 아니지만 그나마 조금 나은 게 이것이니 자꾸 해 보려고 합니다. 꾸준히 책을 읽고, 깊은 사색을 즐기고, 습작하다 보면 어느 정도의 읽을거리는 쓰게 되지 않을까 싶습니다. 오는 6월에 입양할 셋째 아들 한가람이 오면 아이 돌보는 일로 글쓰기도 좀 힘들어지겠지만 최대한 해 보려고 합니다. 제 나름대로 꿈을 향해 달려가는 제 모습을 소중한 아이들에게도 보여 주고 싶습니다. 도전하고 또 도전하는 삶이 아름다움인 것을 말이 아니라 삶으로 보여 주고 싶습니다.

저도 하나님 아버지께 절대 의존할래요

토요일인 오늘 오전엔 학교 근무하고 오후엔 박사과정 수업이 있었습니다. 요즘 바빠서 마감일을 넘긴 ≪기독교교육≫ 연재 글과 독후감 공모에 임할 시간이 촉박했습니다. 도저히 안 되겠다 싶어, 대학원 수업일이지만 제출할 과제를 이메일로 보내고 불참하기로 하고는 교수님과 동학들에게 전했습니다. 그러고 나니 대학원 수업으로 오고 가는 시간과 수업시간을 모두 합할 때, 소요되는 9시간이 주어진 듯하여 마음의 여유가 생겼습니다. 그야말로 엄청난 시간이 마치 보너스처럼 주어진 것 같았습니다. 이번 주 내내 시간에 쫓기느라 실수 연발이었고, 선잠을 자느라 피곤에 지쳤는데 아주 잘 되었다 싶었습니다. 그러고 보니 오늘은 즐거운 토요일입니다. 그것도 신록의 계절인 5월의 마지막 토요일이었습니다. 저는 제게 주어진 여유로운 9시간을 생각하니 그냥 지나칠 수 없다는 생각에 가족나들이를 하기로 하였습니다. 이렇게 하기로 하니 아내도, 사랑이와 겨레도 참 좋아했습니다.

드디어 학교 일과를 마치고는 부리나케 집으로 달려갔습니다. 제 예상대로 아내와 사랑이와 겨레가 외출 준비를 다 하고 저만 눈이 빠지도록, 애타게 기다리는 중이었습니다. 저도 대충 편안한 외출복으로 갈아입고는 가족 나들이를 나갔습니다. 특별한 계획이나 준비도 없이 나오는 길인데도 가족 모두 들뜬 마음에 흥겨웠습니다. 아내와 상의한 결과, 그냥 인근 원광대 호수를 보고 수목원을 둘러보기로 하였습니다.

때마침 원광대 가는 버스가 오기에 급히 타 보니, 토요일 오후라 그런지 사람들이 엄청나게 많았습니다. 하는 수 없이 한 손으론 겨레를 안고, 한 손으론 손잡이를 잡고 있어야만 하였습니다. 그러고 있자니 팔도 아프고 자세도 어정쩡하고 겨레도 불편해 하는 것 같아 오늘은 그 흔한 자가용 한 대 없음이 아쉽고, 굳이 자가용 없이 살려는 별종 아비를 만난 아이들에게 미안한 마음이 들었습니다. 저와 아내는 어른이고 자청한 것이기에 대중교통을 이용하면서 살지만 사랑이와 겨레는 별난 부모랑 살다 보니 이 고생이다 싶었습니다.

저와 겨레가 좀 안쓰럽게 보였는지 어느 승객 분이 자리를 양보해 주셨습니다. 만원 버스에서 갓난 아기를 안고 어정쩡한 자세로 가다가 접한 자리가 어찌나 귀한지 꼭 금빛 찬란한 자리에 앉는 듯한 기분이 들었습니다. 이렇게 어려운 여건에서 자리를 양보해 주신 분에게 진심으로 감사를 표하고 싶었는데, 그저 "감사합니다."라는 말만 한 것 같아 송구한 마음이 더했습니다. 그것도 좀 더 진심을 담아 인사해야 하는데 겨레를 안고 있다 보니 인사도 제대로 못 하고 말았습니다. 정중히 인사를 드리고 싶어도 이미 하차하신 후라 그럴 수도 없었습니다. 역시 '감사', '미안' 등의 표현은 바로바로, 정성 다해서 해야 함을 새삼 느꼈습니다.

그렇게 자리에 앉고 보니 겨레도 자세가 편해져서 그런지 흥에 겨워 뭐라고, 뭐라고 수다를 떨기 시작합니다만, 겨레의 말은 아무도 못 알아듣습니다. 통역도 불가능한 방언을 말하니까요. 그저 대략 표정과 손짓을 보고 추측할 뿐입니다. 그런데 요즘은 자기 의사 표현을 곧잘 합니다. 아니면 "아니~" 하는 말도 하고, 거세게 손으로 쳐냅니다. '왜 자기 말을 못 알아듣느냐?'고 화를 내는 듯합니다. 참 신기한 건 겨레가 몇 마디 말은 그런대로 정확히 발음하는데 그게 바로 "아빠!"이고, "아멘"입니다. 어제는 아내가 매일 듣는 극동방송에서 기도가 끝날 때, "아멘" 하니까 거의 똑같이 "아멘" 하더랍니다. 아내는 놀라고 신이 나서 어쩔 줄 몰랐다고 합니다. 세상에 이런 일이 있을까요? 이제 겨우 18개월 아기가 정확하게 기도 후 "아멘"을 하였습니다.

그런데 아내를 놀라게 한 겨레의 천재성과 믿음은 5분도 안 되어 진실이 밝혀지고 말았다고 합니다. 겨레가 아무거나 보고도 "아멘", "아멘" 하더라는 것이었습니다. 그 때는 우연히 타이밍이 맞아떨어진 것이었습니다. 아무 때나 "아멘"을 연발하는 겨레는 천재이거나 믿음이 충만한 아가는 아닌 것이었습니다. 하기야 그랬다면 제가 겨레를 요즘 인기 있는 '스타킹'이나 '세상에 이런 일이' 같은 TV프로그램에 출연시켰을지도 모를 일입니다. 그래도 습관적이나마 "아멘" 하는 겨레가 얼마나 귀여운지 모릅니다. 저도 따라 해 보곤 하였습니다. 그러면 겨레는 더 신이 나서 "아멘" 하면서 이리저리 돌아다녔습니다.

겨레는 식사할 때도 손을 모으고 기도하는 자세를 취합니다. 가끔은 제가 식사기도를 마치면 "아멘" 하기도 합니다. 그럴 땐 얼마나 기특하고 예쁜지 볼에 뽀뽀를 해 주곤 합니다. 제가 출근하거나 외출하면 손을 흔들어 주면서 배웅을 하고, 제가 퇴근하거나 돌아오면 환하게 웃으면서 반겨 줍니다. 저는 그 모습이 보고 싶어서 일부러 집에

가 보기도 하고, 외출하는 체를 해 보기도 합니다.

저희 가족은 버스에서 내려 온 가족이 둘러앉아 점심을 먹고는 원광대 호숫가에서 도란도란 이야기를 나누었습니다. 겨레는 마냥 신이 났습니다. 작은 돌멩이 하나를 주워 들고는 입으로 빨아 보기도 하고 앙증맞은 손으로 꼭 쥐어도 보면서 신기해 했습니다. 그러다가 또 들꽃 하나를 보고는 눈을 떼지를 못하였습니다. 유난히 꽃을 좋아하는 겨레가 자주 저를 부르면서 꽃을 가리켰습니다. 그러면서 제게 '꽃'을 좀 보라고 재촉하였습니다.

사랑이와 겨레가 놀면서 여기저기 뛰어다니는데 어찌나 예쁘고, 귀엽게 보이는지…… 이런 즐거움에 힘든 줄도 모르고 아이를 키우나 봅니다. 사랑이는 아내가 단정하게 묶어 준 머리와 핀이 휘돌아가는 모습이 작고 귀여운 나비 같았고, 겨레는 환하게 웃으며 달음박질하는데 꼭 올림픽 금메달리스트 같았습니다. 이렇듯 두 아이가 환한 얼굴로, 함박웃음 짓고는 뛰어다니는 모습이 꼭 경쾌한 리듬에 맞춰 춤추는 무용수 같았습니다. 아내와 저는 아이들을 바라보면서 그저 흐뭇한 미소로 답해 주었습니다. 아비와 어미가 묵묵히 바라봐 주는 것이 안정감을 주는지 두 아이는 잘 놀았습니다. 오늘은 둘 다 아비와 어미를 찾지도 않고 놀았습니다. 저렇게 밖에 나와서 노는 걸 좋아하는 아이들을 위해 좀 데리고 나왔어야 하는데 자주 그렇게 해 주지 못한 것이 미안했습니다. 오늘 저는 이렇게 가족과 함께하는 즐거움을 선택한 것에 대만족이었습니다. 오늘의 제겐 박사과정 공부나 성적보다 이렇게 가족과 함께 보내는 시간이 소중하고 시급한 일입니다. 오랜만에 가족 나들이하기에 아주 좋은 날씨였습니다.

그렇게 두어 시간 놀고는 집으로 오는 버스 안에서 겨레가 잠에 취했습니다. 아비의 품에 안겨서 곤히 자는 모습이 참으로 평화로워 보였습니다. 그 모습은 세상 시름 다 잊어버린 평안함, 그 자체였습니다. 문득 저도 겨레처럼 편안하게 잠을 자면 좋겠다는 바람을 가져보았습니다. 저는 걱정이나 불안한 일이 생기거나 수행할 과제가 있으면 잠을 이루지 못합니다. 이리저리 뒤척이다가 잠드는데 아주 고역입니다. 잠을 편안하게 자야 다음 일을 잘 수행하는데 이게 생각대로 안 됩니다. 걱정한다고 일이 줄어드는 것도 아니고, 해결책이 떠오르는 것도 아님을 아는데 이게 잘 안 됩니다. 아무 생각 없이 잠들면 개운하게 일어나서 일을 진행해 나가면 되는 것을 괜히 잠만 못 자고 나니 몸이 더 무거워지곤 하였습니다. 그런 점에서 아이들은 우리 어른들보다 잠을 잘 자는 능력을 지녔습니다. 졸리면 자는데 이건 때와 장소를 가리지도 않습니다. 그에 반해 이 아비는 잠자리 바뀌면 잠 못 들고, 형광등 빛이 꺼져야 잠들고, 낯선 사람과는 잠을 잘 못 잡니다. 제가 생각해도 참 까다롭습니다. 우리 아이들처럼 그냥 눈 붙이면 잠이 들어야 하는데요……

버스 안에서 겨레는 제 품에 안겨 곤히 잠들었습니다. 그러고 보니 겨레는 아비인 저를 믿습니다. 혹시라도 자기를 버릴까 하는 생각이나 의심이 든다면 결코 잠을 청할 수 없었을 것입니다. 겨레는 아주 잘 잡니다. 이 아비를 믿기에 그럴 수 있을 것입니다. 문득 겨레가 아비인 저를 굳게 믿고 자신의 온몸을 내맡기듯이, 하나님 아버지께 제 모든 걸 맡겨야 하는데 그렇지 않은 것 같다는 생각을 하였습니다.

언젠가 들은 이야기가 생각났습니다. 어느 할머니가 제법 무거운 짐을 머리에 이고 큰길을 걸어가고 있었습니다. 허름한 옷매무새에 어깨가 굽은 할머니에게 그 짐은 너무도 힘겨워 보였습니다. 마침 트럭을 타고 그 곁을 지나던 젊은 남자가 할머니를 발견하고 차를 세우고 어디까지 가시는지를 물었습니다. 마침 트럭의 목적지와 할머니의 행선지가 같았습니다.

"할머니, 타세요. 가시는 곳까지 모셔다 드릴게요."

청년의 상냥한 말씨에 머뭇거리던 할머니가 이윽고 트럭에 올라타셨습니다.

얼마쯤 가다가 청년은 좀 이상한 생각이 들었습니다. 할머니가 차에 타신 뒤에도 머리에서 무거운 짐을 내려 놓지 않고 계셨던 것이었습니다.

"할머니, 왜 짐을 계속 이고 계세요? 내려 놓으세요."

"괜찮수. 내 한 몸 차에 탄 것만도 고마운 일인데 짐까지 내려 놓을 수는 없지."

할머니는 한사코 짐을 내려놓는 것을 거절하셨습니다. 청년은 짐을 내려 놓는다고 해서 트럭 무게가 더 나가는 것도 아니라는 사실을 이해 시켜 드리려고 애를 썼지만 소용이 없었습니다. 무지에 의한 고집이라고 보기에는 할머니의 자세가 너무도 완고하고 겸손하셨습니다.

할머니는 끝까지 그 무거운 짐을 머리에서 내려놓지 않으셨습니다. 트럭에 탄 덕분에 다리 아프게 걸으시는 것은 면하셨지만 결국 할머니는 그 무거운 짐의 무게는 조금도 덜어내시지 못하셨습니다.

처음 이 이야기를 들었을 때, 참 어이없다는 생각에 웃었던 기억이 납니다. 말도 안 되는 이야기라고 웃어넘겼던 것 같습니다. 그런데 문득 이게 제 믿음은 아닌가 하는 생각이 들었습니다. 믿음이란 하나님을 향한 인간의 절대 의존일 것입니다. 인간의 모든 삶의 정황을 이끄시는 하나님 앞에서 자신의 모든 문제와 어려움을 모두 내맡길 때,

비로소 진정한 마음의 평안과 해방을 누릴 수 있습니다. 그런데 하나님을 아버지라고 부르고 믿고 따르면서도 이 할머니처럼 제 생각과 경험과 제 조건을 앞세워 제 짐을 하나님 앞에 내려놓지 못한 채 힘들게 살아가고 있는 건 아닌가 하는 생각이 들었습니다. 제 아이들이 절 믿고 의존하듯이 저도 판단 정지하고 하나님께 모든 짐을 내려 놓고 참된 자유를 만끽하고 쉼을 얻고 싶다는 생각이 들었습니다. 제 아이들처럼요……. 아비인 제가 뭘 잘하는 게 있다고, 믿어 주고 사랑으로 함께하니 행복감을 느낍니다. 겨레와 사랑이, 아내가 제 곁에 있으니 저는 참 행복합니다.

마음의 여유로 글 쓰고 싶어요

저는 이것저것 벌여 놓은 일들로 분주한 삶에, 늘 마음 한구석에 쫓기듯 밀려오는 부담감이 있었습니다. 글을 쓸수록 글쓰기가 참 고된 작업이라는 것을 느낍니다. 더욱이 매달 연재하는 글은 부담감으로 정해진 날짜가 다가올수록 밀린 숙제로 머리 아픈 학생이 되곤 합니다. 올해 자청해서 해내야만 하는 연재 글이 두 가지나 됩니다. 하나는 ≪기독교교육≫에 '쉽게 읽는 기독교윤리'로 매달 기독교윤리적인 주제를 정해서 그에 맞춰 학술적인 글을 써내야만 하고, 또 하나는 ≪크리스챤신문≫에 '한승진 목사가 꿈꾸는 교육 이야기'로 매주 수필 형식으로 글을 써내야만 합니다.

글이 잘 풀릴 때는 흥에 겨워 잘 쓰고는 기분 좋게 보냅니다. 그러나 이런 경우는 오랜 가뭄에 단비 내리는 격으로 매우 드뭅니다. 대개는 마치 엉켜 버린 실 꾸러미처럼 어디서 풀어내야 할지 난감합니다. 그저 우두커니 서서 컴퓨터만 쏘아보다가 엉거주춤 앉아서 또 자판에 손을 얹기는 하였지만 손가락이 움직여지지를 않습니다. 힘차게 춤추듯 손가락이 펼쳐지면 얼마나 좋을까요. 어느 땐 글을 써야 하는데 감기몸살로 고생하게 되면 속수무책입니다. 그런데 다행히 아프지 않을 때는 또 아내나 아이들이 아파서 저를 필요로 합니다. 또 바쁠 땐 일도 겹쳐 옵니다. 갑자기 학교나 교회 일로 바빠지고 부르는 이들도 생깁니다. 이런 경우 가급적 피하려고 하지만 하는 수 없을 땐 밤을 꼬박 지새워야만 하기도 합니다. 전문 글쟁이도 아니고, 돈이 생기는 것도 아닌데 그야말로 사서 고생입니다.

사실 지난 주말에 시간적 여유도 있고 하여 끝내려 하였는데 토요일 오후 가족나들이와 주일 밤 인근 교회에서 유명한 사람의 성가콘서트가 열리기에 다녀오느라 도저히 해내지 못했습니다. 마음은 간절한데 몸이 따라 주지 않았습니다. 이제는 체력적으로 글쓰기 노동이 힘에 겨운가 봅니다. 흘러간 세월을 탓해야 하나 싶었습니다. 그래도 마음에 큰 불편함이 없음은 소중한 가족과 함께한 시간들이 제겐 행복 가득이었기 때문입니다.

중요한 일과 시급한 일로 따져 봐도 가족과 함께하는 시간이 우선순위인 것 같았습니다. ≪기독교교육≫ 연재는 늦어도 이번 주말까지만 하면 된다고 하니 마음의 여유가 있었습니다. 신문 연재는 마침 써 놓은 글이 있어 다듬기만 하면 될 것 같았고, 독후감 공모는 안 되면 이번엔 안 하면 되는 것이었습니다. 이렇게 되니 조금은 쫓기듯 분주한 마음에 평안이 깃들어, 시간적 여유를 만끽하며 고요히 푸른 하늘과 저녁노을을 바라볼 수도 있었습니다. 좀 이렇게 여유를 갖고 살면 좋겠다는 생각이 들었습니다.

제 책상 달력에는 공문 처리, 시험 출제, 도학력 평가, 방과후 학교 수업일, 야간 자율학습 감독일, 학술논문 마감일 등의 일정들로 꽉 차 있습니다. 요즘은 바쁘다 보니 매일 아침 오늘 할 일을 점검해야만 합니다. 책상 위엔 서류들과 이런저런 자료들과 책들로 산을 이룬 지 오래입니다. 흔히 학교에서 쓰는 말이 "주위가 산만하다"인데 제 책상은 온통 자료들과 공문들과 책들로 매우 산만합니다. 수북이 쌓인 종이더미에 정신이 아찔할 지경입니다. 가끔은 이렇게 살아야 하나 싶기도 합니다. 그런데 저의 사람됨이, 삶의 자세가 이렇게 과제가 주어지지 않으면 마음이 안일해져서 아무것도 안 하고 빈둥대고 말 게 뻔하니 오늘 제 삶이 제겐 최선일 것입니다.

글쓰기도 마찬가지입니다. 누가 시켜야만 꾸역꾸역 해냅니다. 저는 참 여유와 자유를 갈망하면서도 제 자신을 규율하게 되는 틀을 선호하는 이중적인 감정을 갖습니다. 아마도 저는 이러한 양가감정의 흔들림 속에서 조금씩 자라가는 것 같습니다.

오늘 마음의 여유를 갖고 임하니 세 가지 글쓰기를 끝낼 수 있었습니다. 마침 짬이 나기에 컴퓨터 책상에 앉아서 신문 연재 글과 독후감 공모도 마쳤습니다. 오늘 뜻밖에도 오랜만에 글쓰기가 잘 되는 날인 것 같았습니다. 이런 날을 그냥 보낼 수 없기에 심호흡 크게 하고 물 한 잔 마시고는 다시 컴퓨터 책상에 앉았습니다. 이리저리 준비한 자료와 메모를 독서대에 놓고는 ≪기독교교육≫ 연재들도 써 내려갔습니다.

글을 마치고 나니 뿌듯함과 해방감에 기지개를 켰습니다. 그리고는 문득 시계를 보니 새벽 5시입니다. 꼬박 8시간을 집중해서 글을 쓴 것이었습니다. 제게 이런 집중력과 열정이 있다는 게 신기하고 제 자신이 대견하게 느껴졌습니다. 그러니까 밥 먹고, 화장실 가는 시간 빼고는 꼬박 8시간을 글쓰기에 몰입한 것이었습니다.

미리 써 놓은 거 다듬기만 하면 되고, 오는 주말까지만 하면 된다는데, 독후감 공모는 안 하면 된다는 마음으로 임하니 아마도 마음의 짐이 없어서 편했는지 단숨에 모두를 끝낸 것 같습니다. 물론 글의 내용이 잘되었는지를 따져 봐야 합니다만 오늘 이 순간엔 그건 그다지 중요하지 않게 느껴졌습니다. 그저 제 스스로 기특하게 느껴지고, 뿌듯했습니다. 이렇게 억지로가 아니라 마음 편하게 임하면 기대 이상의 집중력과 열정으로 좋은 결과를 기대할 수 있는데 좀 분주하게 사는 것 같았습니다.

언젠가 본 스프링복과 닮은 현대인에 대한 이야기입니다. 산양의 일종인 '스프링복'이라는 양이 아프리카에 살고 있습니다. 처음에는 풀을 뜯어먹으면서 평화롭게 행렬을 이루어 가지만 앞에 가는 양들이 풀을 뜯어 먹어서 먹을 풀이 점점 없어지자 뒤따르는 양들이 서로 앞서겠다고 다툼을 벌이게 됩니다. 그래서 양들의 대열은 조금씩 빨라지기 시작합니다. 뒤쪽의 양들이 속력을 내어 앞으로 달려오기 때문에 앞쪽은 선두를 지키기 위해 더 빨리 달릴 수밖에 없는 것이죠. 결국 모든 양떼가 전속력으로 앞으로 내달리다가 달려가는 힘에 의해 그만 낭떠러지에 떨어져 버린답니다. 미련한 짐승이라고 웃어넘길 수만은 없는 일인 것 같았습니다. 어딘가 바쁘게 살아가는 오늘 우리의 삶과 너무나 닮아 있지 않은가요?

문득 마음의 여유를 가져 보고 싶어서 제가 흠모하는 글샘지기 고장영희 님의 책을 펴 들었습니다. 이리저리 뒤적이다가 와 닿는 부분을 접하고는 천천히 또박또박 읽어 보았습니다.

어느 해 여름 방학에 잠깐 귀국해 있는 동안 동생과 명품을 많이 판다는 패션가를 지날 일이 있었다. 난 학교 다닐 때와 마찬가지로 낡은 청바지에 헐렁한 티셔츠를 입고 있었다. 그런데 어떤 옷가게 쇼윈도에 걸린 옷을 보더니 동생이 기필코 한번 입어 보고 싶다는 것이었다. 함께 가게 안으로 들어가려고 했으나 입구에 턱이 너무 높아 동생만 들어가고 나는 문밖에 서 있었다. 주인 여자는 탈의실에 들어간 동생을 기다리다가 문 득 문간에 서 있는 나를 발견했다. 대번에 낯빛이 변하더니 "동전 없어 요, 나중에 오세요." 하는 것이었다.

그제나 이제나 눈치 없기로 소문난 나는 그 여자의 말을 못 알아듣고 눈 만 껌벅이고 서 있었다. 그랬더니 이번에는 더욱 표독스럽게 "영업 방해 하지 말고 나중에 오라는데 안 들려요?" 하는 것이었다. 그때 동생이 옷 을 반만 걸치고 뛰어나오며 소리쳤다. "뭐예요! 우리 언니를 뭐로 보고 그러는 거예요?" 난 그제야 주인 여자가 날 거지로 착각했다는 것을 깨 달았다. 신체장애는 곧 가난과 고립을 의미하는 사회에서, 그것도 유행의 최첨단을 걷는 거리에서 낡은 청바지에 티셔츠를 걸친 것만 해도 뭣한데 결정적으로 목발까지 짚고 서 있었으니 거지가 될 필요조건을 다 갖추고 있었던 셈이다.

까짓, 동전 구하는 거지로 오인되고 예쁜 잠옷 안 입으면 어떠랴. 온 세 상이 풍비박산 나는 듯 시끄러운데 강물에 몸을 던질 만큼 괴로운 일이 나 내 몸에 불 지를 만큼 악에 바칠 일도 없이, 가던 길 멈춰 서서 나뭇 가지에 돋는 새순을 보고 하늘 한 번 올려다 볼 수 있는 이 작은 여유는 크나큰 축복이니까.

　　　　　　　　　　　　　　　　　－ 장영희, 『문학의 숲을 거닐다』에서 －

Leisure / W. H. Davies　　　　　　　　여유 / W. H. 데이비스

What is this life if, full of care,　　　무슨 인생이 그럴까, 근심에 찌들어
We have no time to stand and stare　　가던 길 멈춰서 바라볼 시간 없다면
No time to see, when woods we pass,　숲 속 지날 때 다람쥐들이 풀숲에
Where squirrels hide their nuts in　　도토리 숨기는 걸 볼 시간 없다면
grass.　　　　　　　　　　　　　　　한낮에 밤하늘처럼 별이 가득한
No time to see, in broad daylight,　　시냇물을 바라볼 시간이 없다면.
Streams full of stars,
like skies at night.

시인이 볼 때 우리는 분명 가던 길 멈춰 서서 바라볼 시간이 전혀 없는 딱한 인생을 살고 있습니다. 조금 더 높은 자리, 조금 더 넓은 집, 조금 더 많은 연봉을 쫓아 전전긍긍 살아가며 1억이든 2억이든 통장에 내가 목표한 액수가 모이면, 그때는 한가롭게 여행도 가고 남을 도우며 이런 저런 봉사도 하면서 살리라 계획합니다. 인생이 공평한 것은, 그 누구에 게도 내일이 보장되어 있지 않다는 겁니다. 어느 날 문득 가슴에 멍울이 잡힌다면, 아픈 심장을 잡고 쓰러진다면, 그때는 이미 늦은 건지도 모릅니다. 길을 가다가 멈춰 서서 파란 하늘 한 번 쳐다보는 여유, 투명한 햇살 속에 반짝이는 코스모스 한 번 바라보는 여유, 작지만 큰 여유입니다.
 – 장영희, 『영미시산책 생일』에서 –

언젠가 무엇이든 집중해서 몰입하는 즐거움에 대해 극찬한 글을 보았습니다. 무엇엔가 열정을 쏟고 몰입하는 것에 감명 깊었습니다. 글을 읽고 든 생각으로 '나도 저렇게 살고 싶다.' 이건 좋았는데 곧바로 드는 생각이 '왜 나는 바보같이 그렇게 못살까'였습니다. 그러면서 이 글에서 열정, 집중, 몰입의 지혜는 배우되 지나치게 나 자신의 삶을 송두리째 평가 절하하거나 오늘의 삶을 바꾸려 하진 말자고 다짐 했습니다.

가만히 보니 그래도 오늘까지 살아오면서 제 나름대로 실수도 많고, 후회막급이지만 열심히는 살아온 것 같았습니다. 그러면서 드는 생각이었습니다. 어딘가에 지나칠 정도로 열정을 쏟고, 미친 듯이 달려가는 게 꼭 옳은 것인가? 이건 집착과 끝없이 치닫는 욕망의 굴레만 남길 뿐입니다. 톨스토이의 말입니다. "오늘날 인류를 괴롭히는 건 필요한 일을 하는 데 게을러서가 아니라, 필요한 일을 너무 많이, 열심히 하는 데서 생겨난다."

문득 오늘 우리의 삶을 원점으로 돌려서 우리네 삶과 세상을 다시금 짚어 보는 것도 좋을 것 같았습니다. 교통체증, 공룡도시, 죽어 가는 산과 강과 하늘과 바다, 허풍, 거짓, 배신, 편견, 오만, 욕심…… 이런 것들을 애써 감추며 살아가는 우리네 모습이 옳은 건가? 바쁘다 보면 기도할 시간, 고요한 명상, 산책, 가족과 함께할 시간이 없습니다. 어느 땐 일에 파묻혀 살면서 정작 일은 살고, 자신의 내면이 죽어 감을 깨닫지 못할 때가 있습니다.

얼마 전 존경하는 목사님께 연락을 드리니 사모님이 여름휴가차 피정(避靜)을 떠나셔서 연락이 어렵다고 하셨습니다. 저는 가톨릭에서만 피정을 하는 줄 알았는데, 목사님이 여름휴가로 피정 중이시라고 하여 놀랐습니다. 제 아내도 몇 년 전부터 황등교회 백정순 전도사님 소개로 Q.T(Quiet Time)를 합니다. 매일 짧은 시간이나마 고요한 시간을 갖습니다. 어떤 형태로든 자기만의 여유를 갖고 고요한 시간을 가져 보는 게 참 좋을 것 같습니다.

예수님도 웃으세요

저는 어느 때부터인가 사람을 떠올릴 때면 두 가지로 나누곤 합니다. 웃는 얼굴과 무표정한 얼굴입니다. 사실은 저도 잘 웃지 않는 인상입니다. 농담이나 우스갯소리도 잘 못합니다. 똑같은 이야기도 제가 하면 썰렁해집니다. 그러다 보니 저는 유머감각이란 게 없는 사람으로 생각하곤 합니다. 또한 괜히 농담이나 우스갯소리를 한다는 게 말실수나 하지 않을까 조심스러워 가급적 말을 안 하려고 합니다. 그래서 저는 좀 친해지고 제 마음이 편해지지 않으면 말을 아끼는 편입니다. 더욱이 제가 목사, 선생이라는 역할로 자리에 설 땐 더 조심스럽고 어색합니다. 그러다 보니 잘 웃지 않게 되고 과묵해집니다.

제가 아내와 결혼하려 할 때, 아내로부터 이런 말을 들었습니다. 언니가 보기에 다른 건 몰라도 제 인상이 좋지 않다는 것이었습니다. 제가 잘 웃지를 않고 표정이 어둡다는 것이었습니다. 다행히 결혼을 반대할 정도는 아니었지만 저는 사실 처형의 말씀에 이의를 제기하지 못합니다. 저는 정말로 인상이 어두운 편입니다. 어린 시절, 심장질환으로 인해 약해진 몸과 외모, 가난한 가정환경에 따른 열등감과 우울함이 마음 깊숙한 곳에 자리잡고 있어서 쓴 뿌리가 되어 있는 것 같습니다. 잘 지내다가도 쓴 뿌리가 쳐 올라오면 감정이 혼미하고 생각이 정돈되지를 않아 애를 먹습니다.

그러다 어느 날부터인가 제 인상을 개선시켜 보려고 애를 쓰기 시작하였습니다. 사진을 찍을 때도 가급적 환하게 웃는 얼굴로 하고, 노래를 들어도 즐겁고 신나는 노래를 듣고, 농담도 하고, 웃긴 이야기도 하고, 영화나 드라마를 봐도 재미있고 웃음 가득한 코메디 형식을 즐겨 보았습니다. 제가 쓰는 명함도 랄프 코작(Ralph Kozak)이 그린 '웃으시는 예수님'(Laughing Jesus)으로 합니다. 이렇게 의도적으로 노력한 결과, 이제 나이 마흔둘인 지금, 그래도 조금은 웃는 얼굴로 살아가는 듯합니다. 웃는 얼굴은 보는 사람의 마음을 풍족하게 하고, 웃는 사람의 마음도 건강하게 합니다. 그러나 웃지 않으면 아무 소용이 없습니다. 저는 지금도 이 쓴 뿌리와 싸워 가면서 웃는 얼굴이 되려고 애를 쓰는 중입니다. 웃는 얼굴, 유머감각은 참 중요합니다. 이런 사람은 자신과 남에게 너그러울 수 있습니다. 어떤 어려움에도 포기하지 않고 이겨 나갈 수 있습니다.

아주 오래전에 TV 프로그램명이 참 좋았습니다. '웃으면 복이 와요', 때로는 힘들고 외롭고 우울할 때 의도적으로 인터넷에서 개그프로를 봅니다. 한참을 웃고 나면 어느새 우울한 감정이 시나브로 날아가 버린 듯 상쾌합니다.

이탈리아의 국민적 코미디언이자 감독인 로베르토 베니니의 비극적 코미디 영화 <인생은 아름다워>와 같은 영화는 웃음 속에서 가슴 찡한 진한 감동까지 덤으로 얹어 주니 더 좋습니다. 우울증에 걸린 사람은 웃을 수 있는 능력을 잃어버린 사람입니다. 웃음이 정신건

강의 기준점입니다. 마음껏 웃고 가슴 저미도록 감동의 물결에 휩싸이게 하는 작품들을 기대해 봅니다.

제가 감명 깊게 본 <쇼생크 탈출>이라는 영화가 있습니다. 평범하고 성실하게 살다가 어느 날 자신의 아내를 죽였다는 누명을 쓰고 혹독한 감옥으로 유명한 쇼생크에 갇혀 사는 사람이 어떻게 그 처참한 상황을 이겨낼 수 있었을까?

이 영화에서 인상 깊은 장면 중 하나는 주인공이 우연히 얻은 모차르트의 레코드를 트는 장면입니다. 오페라 '피가로의 결혼' 중 소프라노 이중창인 '저녁바람이 부드럽게'가 최고의 볼륨으로 감옥 안에 울려퍼지자 그 꿈결 같은 아리아를 들은 재소자들은 이제까지 단 한 번도 느껴 보지 못한 가슴 벅찬 자유와 감동을 느끼게 됩니다. 그때 모건 프리먼은 이런 말을 합니다.

"아직도 나는 그 여자들이 무엇을 노래했는지 모른다. 알 필요도 없고 알고 싶지도 않다. 다만 그 짧은 순간에 쇼생크의 모두는 자유로움을 느꼈다."

정서적으로 안정된 사람일수록 작은 일에도 웃음을 찾아낼 줄 압니다. 생각도 여유롭고 웬만한 일은 너그럽게 웃어넘길 줄 아는 여유가 있습니다. 반대로 늘 지나치게 심각해서 긴장한 채로 살아가는 사람들은 사고도 잔뜩 경직되어 있습니다. 이런 타입이 일을 벌이면 더 무모하고 당해낼 재간도 없습니다. 조금의 유머감각만 있어도 웃어넘길 수 있는 일을 두고 좌충우돌, 물불을 안 가리기 때문입니다. 생각만 해도 우울해집니다.

유머감각은 인생의 모순과 좌절 앞에서 대처하는 능력도 길러 줍니다. 심리학자인 고든 올포트는 정서적 안정의 또 다른 특성을 "좌절에 대한 너그러움"이라고 말했습니다. 건강한 성격의 사람은 좌절의 순간에 그것을 딛고 일어설 수 있는 힘도 가지고 있다고 합니다. 그리고 그것을 가능하게 하는 원천으로 자기통찰과 유머의 함수관계를 말했습니다. 자기통찰이 강한 사람일수록 지적이며, 나아가 자신의 어리석음이나 부조화, 그에서 비롯되는 크고 작은 인생의 좌절이나 실수에 대해 유머로 대처할 줄 안다는 것입니다.

의미요법의 창시자 빅터 프랭클도 우머의 중요성을 말했습니다. "유머란 최악의 상태에서 자신을 그것으로부터 분리시킬 수 있는 능력이다." 그는 성서의 『시편』도 하나님이 웃으시는 분이심을 묘사하고 있다며 유머를 하나님의 성품이라고 하였습니다. 그는 유머가 있음으로 해서 우리는 주어진 상황으로부터만이 아니라 자신으로부터도 벗어날 수 있음을 말했습니다. 우리는 자신에 대해 웃을 수 있어야 합니다. 그러면 우리는 그만큼 자신에게서 자유로워지고 너그러워집니다.

웃음의 약효에 대한 재미있는 이야기입니다. 게보린의 약효는 30분 지속되고, 감기약의 약효는 6시간 지속되고, 비타민의 약효는 24시간 지속되고, 폭소를 터트리는 웃음의 약효는 1주일간 지속됩니다. 최소한 1주일에 한 번씩 폭소를 터트리며 웃는다면 평생을 건강하게 살 수 있습니다. 이것이 바로 웃음건강법입니다.

선생으로 살아가는 이로서 생각해 봅니다. 가장 좋은 교육은 아이들에게 웃음을 가르치는 것이 아닐까 싶습니다. 요즘 아이들이 점차 웃음을 잃어 가고 있습니다. 가정의 어그러짐과 경제여건 그리고 학력신장으로 치닫는 분위기 때문인 듯합니다. 아이들에게 웃음을 가르치는 것은 행복의 씨앗을 미리 뿌리는 것일 것입니다. 이것이야말로 성공의 열쇠를 일찌감치 안겨 주는 것입니다. 아이들의 웃음에 그들의 미래가 달려 있습니다.

나이 들어 간다는 것은 그만큼 스스로에게 너그러워질 수 있는 기회를 갖는다는 것 같습니다. 젊어서는 외모에 연연하고 필요 이상으로 민감한 게 당연합니다. 하지만 나이 들어서까지 굳이 그럴 필요는 없는 것 같습니다. 나이 들어 가면서 보이는 모양보다는 보이지 않지만 따뜻하고 훈훈한 바람 같은 사람, 진실함으로 정다운 사귐을 지향하는 사람이 되고 싶습니다.

문득 나이 마흔이 넘으면 자기 얼굴에 책임을 져야 한다는 말이 생각납니다. 그만큼 사람의 인상은 중요한 것입니다. 저도 나이 마흔을 넘으니 다른 사람에게 비춰지는 제 모습을 되새겨 보게 됩니다. 오늘도 남에게 비춰지는 제 인상이 웃는 얼굴이기를 다짐해 봅니다.

책 내면서 사는 재미

오늘까지 그런대로 여기저기 글을 쓰고, 책을 두 권이나 간행했습니다. 그런데 예상대로 제가 쓴 글이나 책이 이렇다 할 반응이 보이지 않습니다. 워낙 제가 이름 없는 사람이라 그런지, 제 글 설익은 것을 내놓아서 그런지 영 반응이 없습니다. 그리고 아무래도 사람들이 반응을 보이는 것에 어색함과 귀찮음이 있을 것입니다. 그런데 가끔 제게 반응을 보내 주는 분들이 계셔서 힘이 나곤 합니다. 제가 쓴 책을 구입하여 읽어 주시는 것에는 머리 숙여 깊이 감사드릴 일이고, 그저 제게 책에 대한 감상을 말해 주시기만 해도 크게 도움이 됩니다.

오늘 황등 교회 김영일 장로님이 제가 쓴 『사랑한다 내 딸 사랑아』와 『아빠와 함께 읽는 성경이야기』를 잘 보셨다고 격려하시면서 책의 내용에 대하여 공감해 주시는 이야기를 해 주셨습니다. 그러니 장로님은 제 책을 읽으신 게 분명했습니다. 저는 감사한 분들과 학교와 교회 분들께 인사차 드리려고 두 권을 합쳐서 1,000여 권을 구입해서 드렸습니다. 그러니 저로서는 경제적으로 부담이 되었습니다. 이렇게 예의상 드린 분 중 한 분이 바로 장로님이셨습니다. 이걸 아신 것인지 슬며시 제게 봉투를 하나 건네주셨습니다. 순간 저는 당황했습니다. 그러고는 정중하게 어쭙잖은 책을 봐주심에 깊이 감사드리고 후원금은 정중히 사양했습니다.

장로님은 큰 액수는 아니니 부담 갖지 말고 받아 달라고 하시는데 영~ 제 마음에 불편하고 부담이 되어서 사양했습니다. 아마도 그냥 제 책을 읽어 주심만으로도 그저 감사한데 후원을 받음이 어색했나 봅니다. 당연히 그동안 베풀어 주신 사랑에 대한 보응으로 제가 쓴 책 정도는 드림이 당연하다는 생각도 들었던 것 같습니다. 그저 정중히 거절하는 명분이 필요해서 "이번 책들은 제 아이들을 위한 아비의 선물이라 제 힘으로만 하고 싶습니다. 죄송하지만 저 자신과 약속한 것입니다. 마음으로만 깊이 받겠습니다." 하고 둘러댔습니다.

전에도 동정환 장로님이 대학원 다니랴, 책 사 보고, 글 쓰느라 돈이 많이 들 거라고 약소하다시면서 봉투를 주시는데 이때도 저보다 더 어려운 목사님을 도와 드렸으면 한다고 말씀 드리면서 정중히 사양하고 말았습니다. 사실 이번에 아이들을 위한 책 내는 일에 이래저래 거액의 돈이 들어갔습니다. 대출이라 이자까지 부담을 떠안아야만 했습니다.

학교에서도 선생님이 아는 분들에게 선물하기 위해 제 책을 사시겠다고 하시면서 봉투를 주시려고 하시기에 사양하면서 정중히 말씀 올렸습니다. "부족한 제 책을 선물하시고자 하니 감사합니다. 출판사나 인터넷서점에서 사시면 저렴합니다. 출판사엔 제 이야기 하시면 최대한 할인 혜택을 받으실 수 있습니다. 제가 책 파는 것 같아 마음이 좀 불편해서요. 죄송합니다." 제가 책 파는 것 같아 현금으로 받음이 영 어색하긴 했습니다.

다른 한편으론 혹시 지나치게 남의 성의를 받지 않으려는 것도 문제가 아닐까 싶었습니다. 사실 다들 큰돈은 아니고, 저에게만 후원하시는 것도 아닌데 말입니다. 그저 감사한 마음으로 받을 수 있는 일인데요. 아직 제 마음의 그릇이 작은 것 같습니다. 아직은 정말 영~ 현금으로 후원받음이 어색하고 불편합니다.

오늘 문득 굳이 후원을 사양하는 제가 옳은건가 하는 생각을 해 보았습니다. '좀 지나치지는 않았나?' 하는 생각도 들었습니다. 과유불급(過猶不及)이라는 말처럼 지나치게 사양함도 좋은 건 아닐 것입니다. '굳이 그럴 필요야, 주실 만한 여건이시고, 어르신으로서 격려하실 만도 하시고, 큰 액수는 아니시라는데……' 이런저런 생각에 갑자기 머리가 멍해져 왔습니다. 좀 지나칠 정도로 돈을 받는 것에 불편함을 느끼나 봅니다. 왜 그런 건지? 아무래도 가난한 농촌 아이들과 함께하는 학교에 있다 보니 그런 것인지, 목사와 선생들이 돈 받는 걸 당연하게 여기는 것이 싫어서 그런 건지, 아니면 제 딴엔 안 받아도 될 만한 경제력은 된다는 자존심인 듯합니다. 이도 아니면 저 자신의 도덕적인 뽐냄을 드러내고 싶은 고도의 기만적인 술책일 것입니다. 만일 이게 이유라면 저는 참 나쁜 사람일 것입니다. 그런데 다행히도 그렇지만은 않은 듯합니다. 제가 안 받는다고 다른 사람들이 받는 걸 나쁘게 생각하지 않고, 주시는 분들에 대한 감사한 마음을 갖습니다. 그저 저만 그러고 싶을 뿐입니다.

아무튼 저는 뚜렷한 이유를 모르겠으나 돈을 받는 것엔 자연스럽지 못합니다. 고마움을 표현하는 데도 서툴고 불편합니다. 특히 돈이 끼어야 하거나 물질적인 선물을 전해야 하는 경우는 마음이 아주 무겁습니다. 그래서 남들 다 하는 걸 애써 안 한 경우가 많습니다. 다행이고 감사한 것은 그렇다고 제가 성적, 졸업, 취업 등에서 불이익을 당한 적 없다는 것입니다. 하기야 이런 제 삶의 방식으로 저도 모르게 제게 주어진 좋은 기회를 놓쳤을 지도 모르나 지금 이대로가 좋습니다.

사실 저는 책을 내면서 단 한 권도 팔지를 않고 다 나누어 주었습니다. 몇 군데는 우송하느라 비용도 들었습니다. 이렇게 남들에게 나눠 주고, 돈이 들어갔는데 정작 마음은 편했습니다. 어떤 분들은 자신의 책을 직접 파시고, 책에 후원 계좌번호도 넣으시기도 합니다. 이런 책들을 보고 저도 책을 사고, 후원하면서도 정작 그렇게는 못 할 것 같습니다.

학교에서는 아이들 중에 나름대로 의미를 둔 아이들에겐 한 권씩 주었습니다. 그런데 요놈들이 어디서 본 건지 저자 사인을 해 달라고 하여 해 주곤 하였습니다. 사실 제가 다른 분들에겐 거의 사인을 안 하고 드렸습니다. 그런 것도 쑥스럽고, 혹시 읽을 만한 가치가 없거나 관심 분야가 아니시면 다른 사람에게 주셔도 무방하게 하기 위함이었습니다. 그런데 아이들에겐 사인을 하고 덕담 한마디를 적어서 주었습니다. 저는 아이들이 편한가 봅니다. 저를 놀려대도 좋고, 제게 해 달라면 어렵지 않은 것이면 다 해 줍니다. 아이들이 참 귀엽고 사랑스럽습니다. 어느 아이는 재치 만점입니다. 자기들 땜에 제가 먹고 살고 그래서 책 내는 것이니까 고마워해야 한다나요……

어떤 아이는 한술 더 뜹니다. 자기가 숙제 잘 안 해서 제가 검사할 시간이 안 걸리거나 적게 걸려서 글 쓰고 책 내는 것이라고요. 그러면서 제 어깨에 손을 얹는데 참, 제가 한 방 먹었습니다. 자기들과의 이야기를 책으로 내면 베스트셀러로 대박 나고, 노벨문학상감이니 더 열심히 살라고 합니다.

이번에 제가 사랑하는 딸과 아들로만 책을 내는 것으로 끝내면 안된대요. 군사부일체(君師父一體)라는 말도 모르냐고요. 저더러 제 아이들만 사랑하지 말고 제자들도 사랑해서 제자들 이야기도 책으로 내야 하고, 꼭 자기 이름을 밝혀서 길이길이 빛내야 한다나요. 아니면 이번에 실시하는 교원능력개발평가를 할 때, 자신이 하는 학생평가에서 제게 보복할지 모르고, 학부모평가도 자기가 엄마와 아빠한테 말해서 안 좋게 할 거라고요. 이런 협박도 서슴지 않는 요놈들을 어찌해야 하나요. 협박도 하고 부담스런 숙제도 디밀고요. 요, 예쁜 녀석들을 참~

사실 저도 꼭 그러고 싶습니다. 지금도 어느 정도 원고는 됩니다. 학교 아이들과의 이야기와 집 아이들 이야기로 각 한 권씩 묶어서 낼 정도가 됩니다. 산문집이나 에세이로 뭐, 붓 가는 대로 자유롭게 쓸 수 있는 비전문가도 가능하다는 수필이 될 듯합니다. 문제는 제가 워낙 무명시골서생이니 판매가 어려워서 출판사들이 꺼립니다. 이거 참……. 이른바 유명작가 분들 중심으로 출판계의 판도가 결정된 형국이라 저와 같은 무명은 그 틈을 비집고 들어가기가 어려운 게 현실입니다. 그래도 꿈을 꾸고 진행을 합니다. 제가 책 팔아 잘 먹고 잘살려는 마음은 애초부터 없었고, 다만 제 삶을 나누고 싶은 것뿐이니까요. 적게라도 팔리면 될 것 같습니다. 뭐 안 되면 제가 사서 지인들에게, 아이들에게 나눠 주렵니다.

아주 오랜 노예근성이 있습니다. 스스로 알아서 잘 못하고 남이 시켜야 하고, 높은 사람이나 많은 사람이 하는 걸 잘 따라야 마음이 편합니다. 그런 제가 희한하게 현실감각 없는 일엔 아주 적극적으로 집중하고 일부터 저지릅니다. 마음에 작정한 건 꼭 하고야 맙니다. 누가 뭐라고 해도 시간이 걸리고 돈이 들고 몸이 힘들어도 꼭 해내고야 맙니다. 그러고 보니 지금껏 가방끈을 이어온 것도, 사랑하는 아들을 입양한 것도 그렇습니다. 그런데 책 내는 것도 그렇습니다. 저는 가급적 마치 일기 쓰듯이 글을 씁니다. 이를 누가 보든 안 보든 제 카페와 민들레성서마을 제 공간에 게재합니다. 이렇게 공개해야 저도 좀 더 글을 다듬을 것 같아서입니다.

이렇게 쓴 글 중에서 엄선하여 가능하면 방학마다 수정·보완하여 책으로 엮어내려 합니다. 책마다 헌정사로 가족 이름을 한 사람씩 하렵니다. 이번에 내면 사랑하는 아내에게 할 것입니다. 출판사 섭외나 필요한 제작비용도 그때 가서 고민하렵니다. 원고료를 지급하는 곳에 글을 투고하여 채택되면 간혹 돈을 받는 것입니다. 대학 신문이나 독후감대회나 편지 쓰기 대회 등에 꾸준히 기고합니다. 그리고 각 대학 인문학연구소 등에 제 전공인 기독교사회윤리학 분야로 논문을 투고하여 게재되면 게재료를 받습니다. 그러니 돈 되는 데는 가능한 대로 글을 써서 도전해 보곤 합니다. 그런대로 꿈을 향해 열심히 제 길을 걸어가는 것도 같습니다. 결과보다는 과정에서 즐거워하면서요. 뭐, 그러면 되는 것 아닌가 싶습니다.

좋은 친구들이 그리워요

이런 벗 하나 있었으면
- 도종환

마음이 울적할 때 저녁강물 같은
벗 하나 있었으면
날이 저무는데 마음 산그리메처럼 어두워올 때
내 그림자를 안고 조용히 흐르는 강물 같은
친구 하나 있었으면

울리지 않는 악기처럼 마음이 비어 있을 때
낮은 소리로 내게 오는 벗 하나 있었으면
그와 함께 노래가 되어 들에 가득 번지는
벗 하나 있었으면

오늘도 어제처럼 고개를 다 못 넘고 지쳐 있는데
달빛으로 다가와 등을 쓰다듬어 주는
벗 하나 있었으면

그와 함께라면 칠흑 속에서도
다시 먼 길 갈 수 있는
벗 하나 있었으면.

좋은 친구는 우리의 힘이요, 즐거움이요, 자랑입니다. 세상에서 나를 이해해 주고 믿어 주고 사랑해 주는 친구가 있기에 세상 살기가 힘들어도 새 힘을 얻으면서 이겨 나갈 수 있습니다. 우리나라 속담에 "어머니 팔아 친구 산다."는 말이 있을 정도로 좋은 친구의 가치는 말로 표현 못 할 것입니다. 제게 잊지 못할 소중한 친구 사귐의 추억이 있습니다. 지금도 그때, 그 시절을 떠올리면 마음 한구석이 사랑 가득 담긴 그리움으로 훈훈해지곤 합니다.

제가 고등학교 3학년 때, '상록독서회'라는 모임에 참여하여 아름답고, 즐거운 젊은 날의 추억으로 가득했던 적이 있습니다. 그로부터 몇 년간 아주 즐거웠습니다. 그 당시 독서회는 성인부와 학생부가 있었는데 저희는 학생부로 한 열 명 정도의 인원수였습니다. 한창 공부할 때에 책도 보고, 친구도 사귀는 재미로 꽤 열심이었습니다. 남학생은 대부분 저와 같은 학교 친구들이었고, 여학생이 4명으로 고등학교 2학년생이었습니다. 한 명은 인문계여고생이었고, 3명은 서울여상에 다니는 아이들이었습니다. 그 당시 서울여상은 가난하지만 공부를 잘하는 여학생들이 가는 학교로 유명했습니다.

주연이는……. 이 친구는 시를 참 잘 썼습니다. 고운 글샘을 펼쳐내는데 얼마나 아름다웠는지 모릅니다. 그때 주연이가 쓴 시에 흠뻑 빠져들었던 게 새록새록 기억납니다. 어느 날엔가 우리 독서회에서 시화전을 할 때 주연이가 기타를 치면서 노래하는데 그 모습이 얼마나 예뻤는지 모릅니다. 사실 저는 주연이의 시와 기타와 노래에 취해 그날로 독서회에 가입했습니다.

미숙이는 저희와 동갑인데 가정형편상 일 년 휴학하여 저희보다 학년이 하나 밑이었습니다. 늘 저와 친구들에게 "오빠!"라고 부르면서 살갑게 대해 주고, 제게 편지와 엽서를 곱게 꾸며서 보내 주곤 했습니다. 어느 날엔가 제가 미숙이에게 시를 하나 지어서 보냈더니, 그에 대한 답신을 보내 준 글샘이 지금도 어렴풋이 기억납니다. 몇 년 동안 지니고 있었는데 어디로 갔는지……. 아쉽게도 제가 쓴 시도 몇 구절 기억나는 외에는 없습니다.

아, 평범한 듯 고운 마음으로 늘 웃음 가득하던 진순이의 해맑게 웃던 모습이 늘 곱게 느껴졌습니다. 진순이는 제 생일에 커다란 곰 인형과 엘피판을 주었는데 아뿔싸, 저희 집엔 엘피를 들을 수 있는 레코드판이 없어 한 번도 들어 보지 못하고 말았습니다. 선물을 준 진순이에게는 이 이야기를 못 하고 말았습니다.

그리고 친구 중에 이상현……. 이 친구의 순수한 영혼에 취해서 자청해서 '형'이라고 불렀습니다. 실제로 저희보다 한 살 많은 9살에 학교 들어왔으니 형이 맞기도 하였습니다. 이 친구가 어느 날엔가 자신의 피로 화선지에 남자-여자로 쌍을 이루게 적어 놓았다고 보여 준 적이 있습니다. 이 친구는 자신을 제외한 친구들을 한 쌍씩 연결해서는 행복하기를 바라는 마음을 간절히 담아냈던 것입니다. 그때 저와 미숙이를 연결했던 것으로 기억납니다.

그 외에도 여러 친구들의 모습이 떠오릅니다. 고등학교 2학년 말경부터 한 4년간 교회에서 만난 한 여학생을 좋아하여 가슴앓이를 했습니다. 그땐 받아들여지지 않는 사랑에 애태우면서 마음 아픈 나날을 보냈습니다. 그런데 지금 가만히 생각해 보니 저는 그 아이를 좋아한 것인가 싶기도 합니다. 하도 안 받아 주니까 매달린 것 같기도 하고, 제 순수한 마음을 드러내고 싶은 것이었던 것도 같습니다. 어느 땐 사랑 그 자체보단 저 자신이 순수하게 사랑하는 듯하여 좋았습니다.

이런 제게 독서회 친구들은 독서회의 이름인 상록(常綠)처럼 늘 푸르게 이해해 주고, 반갑게 맞아 주곤 하였습니다.

제가 알기로 주연이와 미숙, 두 친구는 외국 가서 벌써 오래전의 일이라 분명치 않습니다. 진순이는 우리의 독서회 친구 용진이와 결혼하여 잘 산다고 들었던 것 같습니다. 아, 소중한 친구들, 십 년이면 강산도 변한다는데 무려 20년도 넘게 흐른 오늘, 친구들이 간절히 보고 싶습니다. 젊은이는 어제보단 내일을 꿈꾸고 기대하고, 나이 든 사람은 자꾸 옛날이야기만 한다는데 아무래도 나이 들어 가나 봅니다.

지금의 아내와 연애할 때 생각이 납니다. 제가 문학은 조금 접해서 보는 편인데, 음악과 미술에는 문외한이었습니다. 저는 가난하게 자라다 보니, 클래식 음악회나 미술관 같은 덴 가 본 적이 없습니다. 그런데 아내는 이런 쪽에서 저를 리드해 주었습니다. 이런 분위기가 참 좋았던 것 같습니다.

이 다음에 딸 사랑이가 문학을 즐기고, 음악과 미술을 즐기는 삶으로 저를 리드해 주면 좋겠습니다. 고맙게도 사랑이는 책 보기를 좋아하고, 무용과 음악과 그림을 참 좋아합니다. 이 다음에 사랑이로 인해 아주 오래전의 친구들처럼, 연애 시절의 아내처럼 제가 생기발랄해지기를 기대해 봅니다. 사랑이에게 부담을 주는 것 같아 억지로는 싫고, 다만 그저 아비의 건의 사항으로 공부나 어떤 지위에 오르기를 바람보단 삶을 풍요롭게 하고, 아름답게 하는 예술을 향유하기를 바랍니다. 전공이나 먹을거리가 아닌 자유로운 흥겨움으로…….

소중한 친구들을 떠 올릴 때마다 늘 되새겨지는 시입니다. 오랜 세월이 지나고 지금은 연락조차 하지 못하고 지내지만 그리운 친구들이 제 마음을 훈훈하게 해줍니다.

그 사람을 가졌는가
-함석헌-

만리길 나서는 날
처자를 내맡기며
맘놓고 갈 만한 사람
그 사람을 그대는 가졌는가?

온 세상 다 너를 버려
마음이 외로울 때에도
"너뿐이야" 하고 믿어주는
그 사람을 그대는 가졌는가?

탔던 배가 가라앉을 때,
구명대를 서로 사양하며
"너만은 제발 살아다오" 할
그 사람을 그대는 가졌는가?

잊지 못할 이 세상을 놓고 떠나려 할 때
"너 하나 있으니……"하며
빙그레 웃고 눈을 감을
그 사람을 그대는 가졌는가?

온 세상의 '예'보다도
'아니오'라고 가만히 머리 흔들어
진실로 충언해주는
그 한 사람을 그대는 가졌는가?

현실감각 불감증

문득 올해 향긋한 봄빛에 취해 꿈을 꾸었나 싶습니다. 이번에 사랑하는 딸과 아들을 위해 그리고 제 삶을 되새겨 보기 위해 겁도 없이 책을 냈습니다. 출판에 대한 건 전혀 모르고 덤벼들다 보니 실수도 많았고, 손해도 보았습니다. 조금 더 신중하고 지혜롭게 일을 추진했더라면 좀 더 나았을 것을, 왜 그렇게 성급했는지……. 그야말로 좀 순진하고 무모했습니다. 그래도 겨울방학 내내 열심히 쓰고, 또 쓰고, 교정 보는 시간 내내 힘들었지만 행복했습니다. 누가 시켜서 한 것이 아닌 자청해서 몰입했기에 아쉬움은 있지만 후회는 안 합니다. 더욱이 제 형편엔 거액인 출판 비용도 대출 받아 지불했습니다. 그러니 책을 내면서 원금과 이자를 떠안았습니다. 사실 저는 빚지는 걸 아주 싫어하는데 결국 빚내서 책을 냈습니다. 나름대로는 책의 완성도를 높이려고 여러 지인들에게 교정을 부탁하고, 아는 분들의 추천사도 받고, 대학 은사이신 신영복 선생님이 두 책의 제목(題字)도 써 주셨습니다. 처음부터 책 팔아 돈 벌 생각은 없었습니다.

이제 책이 나온 지도 한 달 정도 지난 시점을 맞아, 혹시나 하는 궁금증으로 출판사 사장님께 책 판매를 여쭈었습니다. 저는 출판사 사장님의 말씀에 귀를 의심하고야 말았습니다. 아무리 그래도 그렇지, 출간된 지 한 달이 지난 시점에 두 권 합쳐서 딱 5권 나갔다는 것이 었습니다. 각 1,000부씩이니 총 2,000권 중에서 딱 5권 나갔다는 말씀이니 처참한 판매 실적이었습니다. 이게 현실인가 싶고, 저로 인해 출판사도 난감해진 듯하여 송구한 마음이었습니다. 그리고 든 생각입니다. '세상에~ 내 책을 사 주신 분들이 5명이라니, 어떤 분들이실까?' 이런 이유에 대해 사장님은 출판사 역량이 부족하고, 천안함 사태 등으로 시절이 안 좋고, 요즘 출판의 불황이 겹쳤다고 하시면서, 제가 워낙 저자 증정본의 수백 권을 무상으로 나눠 준 이유도 있는 것 같다고 하셨습니다.

사장님의 위로와 앞으로는 좀 팔릴 것이라는 덕담에는 감사하나 사실 이와 같은 결과는 사필귀정(事必歸正)일 것입니다. 모두가 제 탓인 걸 잘 압니다. 결국 제 글이 어눌한 것이 가장 큰 이유일 것입니다. 사실 꾸준히 글을 쓰니 나름대로 책을 연이어 낼 수 있습니다. 그런데 한 달 동안 두 권 합쳐서 딱 5권 나갔다는 말씀엔 그만 기가 꺾이고 말았습니다. 이러다간 글을 써 봐야 출간 불가로 그쳐 버릴 것만 같았습니다.

입양기관에서 연락이 왔습니다. 4월 28일자로 출생한 남자아기로 위탁모가 기르는 중인데 한 달 정도 지켜보고 저희에게 선보일 수 있다고 합니다. 저희가 건강 외엔 따지는 게 전혀 없어서 입양이 빠를 수 있다고 하셨습니다. 이야기 중에 "아무래도 전에 입양한 아들 겨레가 만으로 아직 1살이니 방학 때 입양하심이 어떠냐?"고 하셨습니다. 아내는 가을 즈음 겨레를 어린이집에 보내고 나면 하자고 하고, 아버지도 겨레가 대소변 가린 후인 내년에 하라고 하셨습니다.

그런데 저는 또 성급한 마음에, 선한 욕심이 들었습니다. 저는 모두가 입양 시기를 늦추기를 바라는데 저 혼자 결론 내렸습니다. "최대한 빠를수록 좋습니다. 빨리 아기를 맞이하고 싶습니다." 사실 아기를 키우는 건 제가 아니라 아내의 몫입니다. 요즘 사람들은 아기를 갖지 않으려고 하는데 저희는 아기를 둘이나 입양합니다. 아마 이제 또 아기를 맞이하면 아내는 더 분주하게 아기를 돌봐야 할 것입니다. 저도 좋아하는 독서나 글쓰기도 지금보단 덜하게 될 것입니다. 글을 쓸 거리로 떠오를 착상은 더 많아져서 좋은데 이를 엮어낼 시간이 부족하고, 이제 자식이 셋이니 돌보느라 체력도 바닥을 드러낼 것입니다. 경제적으로 더 궁핍해질 것입니다. 그러고 보니 저는 참 경제개념이나 현실감각이 없습니다. 선천적으로 그렇게 생겨먹은 건지, 후천적으로 그렇게 된 건지는 모르나 제가 봐도 세상 물정 모르는 순박한 어린아이처럼 아무 생각 없이 일을 저지르곤 합니다.

제가 생각해도 저는 좀 별난 사람인 것 같습니다. 아이 입양도 그렇습니다. 남들 꺼리는 일을 둘이나 합니다. 이렇다 할 경제적인 여건이 갖춰진 것도 아닙니다. 그야말로 별생각이 없이 일을 진행해 나갑니다. 아마도 저는 현실감각 결핍증인가 봅니다. 돈도, 나이도, 제 건강도 전혀 생각지 않습니다. 저는 자가용은커녕 운전면허증조차 없습니다. 뭐~ 돈 벌 생각도 없습니다. 그냥 먹고 살 만큼만 주어지면 잘 살 것입니다. 제 아이들 공부 욕심도 없습니다. 좋은 집, 좋은 옷에 대한 갈망도 없습니다. 제가 이토록 별종인 것은 아마 어려서부터 문학을 벗 삼아 살아온 재미에 흠뻑 빠져들었던 탓인가 봅니다. 제가 문학과 현실을 너무 많이 혼동하는 건 아닌가 싶기도 합니다. 문학은 꾸며낸 세계로, 저는 소설 속의 주인공이 아닌데 말입니다. 제가 작가

라면 지금의 제 모습을 쓰다가 '에잇!' 하고 지워 버리고는 다시 쓰고
싶을 것도 같습니다. 그런데 인생이란 게 다시 쓸 수 있는 원고지가
아니니 제 삶은 지워지지 않을 것입니다 저는 자라지 않은 어린아이
인가 봅니다.

저는 이 세상이 다양해서 좋습니다. 저와는 다르나 그럴 수도 있구
나 싶고, 배우고 싶습니다. 그래서 전 저가 이해하진 못하나 동성애,
성전환수술을 감내하는 사람, 이혼하는 사람, 독신으로 사는 사람, 저
와 다른 신앙인, 다른 종교인 등을 보면서 틀림이 아니라 다름에 대
해 신선하게 봅니다. 이런 절 따라 주는 아내도 참 무던합니다. 아내
를 보면 떠오르는 시가 있습니다.

사랑
– 도한호

산은 왜 저렇게 높은가
江心을 굽어보기 위해서지

구름은 왜 저렇게 떠도는가
산기슭에 핀 꽃의 마음을 몰라서 그러지

사랑은 왜 이렇게 괴로운가
괴로움만 남기고
다 주어버렸기 때문이지

아내와 저는 다름이 참 많습니다. 그럼에도 오늘의 저를 있게 한
것은 산처럼, 구름처럼 저를 위해 양보하고, 이해해 주며 함께해 주는
아내의 사랑 깊은 사귐이 있기 때문입니다. 옛사람들은 이런 경우를

가리켜 부창부수(夫唱婦隨)라고 하였지요. 별종인 제 뜻을 이해해 주
고, 따라 주는 아내도 참 별종입니다. 강하게 반대하면 이루지 못할
일들을 감내해 주는 아내가 그저 고맙고 고마울 뿐입니다. 이다음에
사랑이, 겨레, 가람이가 제 빛깔을 찾아 저희 품을 떠나고, 제가 학교
일을 마치고 나면 아내와 도란도란 옛이야기하며 논길을 거닐며 살
렵니다.

사랑의 반대말

언젠가 고운 사귐의 관계를 어그러뜨린 적이 여러 번 있습니다. 저의 사람됨이 어눌한 탓에 상한 감정에서 비롯된 서운함을 무례하게 드러내고 만 결과들입니다. 제 자신의 미숙한 사람됨을 자책해 보지만 이미 깨져 버린 사귐을 돌이킬 수 없어 아쉬움만 더하곤 합니다. 고운 사귐으로 마음을 나누는 귀한 어우러짐이 지속되지 못하고 어그러짐이 어느 정도 시간이 지난 후인데도 마음 한구석이 허전합니다. 플래처의 말을 되새겨 보면서 사람사랑의 관계를 되새겨 봅니다.

사랑의 반대 개념은 증오가 아니라 무관심이라는 것을 밝히지 않으면 안 된다. 물론 증오는 나쁜 것이기는 하지만 그의 이웃을 '너'로 취급하고 있음이 확실하다. 그러나 무관심의 경우에 있어서는 그의 이웃을 단지 '그것', 즉 하나의 사물로 취급하고 있다. 이것이, 우리가 악 그 자체보다도 더욱 나쁜 것이 존재하고 있다고 말할 수 있는 근거이다. 기독교윤리학에서 취급하는 한계 안에서 인간관계 가운데 윤리적으로 가장 극악한 것은 "나는 그런 것에 대해서는 전혀 관심을 갖지 않는다."는 식의 태도이다. 이러한 이유에서 신약성서가 우리에게 원리가 아니라 사람을 사랑

할 것을 요구하고 있다는 것을 결코 망각해서는 안 된다
- 조셉 플래처 『상황윤리』에서.

위의 말은 마르틴 부버에게서도 볼 수 있습니다. 그의 유명한 말인 나와 그것의 이야기처럼 제가 범한 무례함으로 저는 '너'가 아닌 '그 것'이 되어 버린 것입니다. 애써 모르는 사람처럼, 그저 그런 사람으로 마주 대하는 어색한 사귐과 추억으로만 남게 됨이 참으로 서운하고 서글픕니다. 아련한 추억의 한 자락, 그 속에 감춰진 아픔과 미안함과 아쉬움이 묻어나는 듯하여 더 서글퍼집니다.

하기야 제 삶이 늘 도종환 님의 시에서 말하는 것처럼 흔들리면서 피는 꽃일 것입니다. 이리저리 흔들리며 피어나기에 아픔과 실수는 제 삶에 숙명인 듯합니다. 오늘의 실수를 자책하면서, 미안해 하면서 오늘의 부족한 사람됨을 되뇌어 봅니다. 이런 과정을 통해 성숙해 가는 것일까요? 나이 마흔이 조금 넘은 중년기에 아직도 서툰 사귐의 삶이라니……. 나이 먹어 가면서 그에 따라 사람됨도 좀 나아지고 너 그러워지고 여유로울 줄 알았는데 그렇지 않으니 참, 나이를 헛되게 먹나 봅니다.

이런 제가 아이들 앞에서 가르치는 사람으로 선다는 게 부끄럽습니다. 스승이 된다는 것, 아니 스승이란 말은 부담스럽고, 선생이 된다는 것이 참 부담스럽습니다. 아니, 선생도 좀 거리감과 수직적 차원이니 고운 우리말 같은 쌤(샘)이 좋은 것 같습니다. 어쨌든 샘이 된다는 것이 참 부담스런 짐인 듯합니다. 그저 지식만 가르치는 지식장사꾼이나 밥벌이만은 아닌 게 바로 샘의 삶이니까요.

깊은 산속 작은 샘에서 쉼 없이 흘러나오는 물처럼 사랑을 전해야

하고 나눠야 하는 게 바로 샘의 삶일 것입니다. 그렇게 하려면 제 안에서 고운 샘물이 끊임없이 솟아나야 하는데, 나이에 비해 자라지 않은 듯한 미숙함이 부끄럽습니다. 깊은 산속 옹달샘처럼 누군가가 목마름을 해갈하도록 언제든 준비된 삶이면 좋겠는데, 메마른 마음밭으로 샘물이 못 되는 듯합니다. 상처 입은 마음이 제게 와서 쉼을 얻고 타는 목마름을 해갈하는 감격을 얻기엔 제 마음에 생명수도 메마른 듯합니다.

오늘 문득 사람됨을 자책하면서 저의 척박한 마음밭을 갈아엎으려 합니다. 좀 더 부드럽고 좀 더 여유롭게…… 그리고 기도합니다. 제 목마른 마음에 영원한 생명수 되시는 주여, 물을 주옵소서. 제게 참생명수를 허락하소서. 제가 목마릅니다. 주여, 한 모금만이라도 제게 갈급한 영혼의 외침을 불쌍히 여기시어 혀락해 주옵소서.

저 자신을 사랑할래요

오늘 아침 문득 '사람이 산다는 게 뭘까?' '바르게, 아름답게, 잘 산다는 게 뭘까?' 하는 생각을 해 보았습니다. 이른바 중년의 사춘기를 맞은 40대 초반인 제 삶을 뒤돌아봅니다. 때론 열심히, 때론 눈치껏, 때론 좀 치사하게 살아온 듯합니다. 그동안 얻은 것도, 잃은 것도 많습니다. 그런데 문득 제가 10대, 20대에 지금의 모습은 상상조차 안 해본 것임을 떠올려 보니 놀랍고 신기하고 어색한 느낌이 들었습니다. 어릴 때의 저와 지금의 저는 다른 것일까요? 이런 상념이 드니 지금 제가 바라는 모습, 앞으로 기대하는 제 모습은 또 어떨까? 이런 저런 상념을 해 보았습니다. 어느 목사님은 나이 들어 가는 것이 신나고, 기대감으로 설렌다고 하시는데 저는 그 경지에 이르려면 아직 멀었나 봅니다. 저는 나이 들어 가는 게 싫습니다. 늙어 감도 싫습니다. 아직 한창 때로 생각하고 살고 싶습니다.

요즘 20대나 30대의 사람들이 부럽습니다. 그들은 그들 나름의 고민과 아픔 속에서 힘들어하겠지요. 저도 그때 그 시절, 참 힘들었습니다. 불투명한 미래에, 힘든 삶의 여정……. 그런 인고(忍苦)의 세월을 보내고 오늘에 이르렀습니다. 이런 제가 대견하기도 하고 기특하기도

하지만 아쉬움이 참 많습니다. 오늘 아침 문득 저의 삶을 되돌아봅니다. 나는 잘 살고 있는 것인가.

오늘 새벽녘에 겨레가 아토피로 인해 잠결에 울면서 등을 긁는데 마음이 참 아팠습니다. 어린 게 오죽 고통스러우면 긁을까 싶었습니다. 아비의 마음이 그런 것일까요? 차라리 제가 아픈 게 낫지 싶었습니다. 하나님 아버지의 마음도 이런 것일까 싶었습니다. 자식을 키우면서 고생하며 아파하는 부모의 마음을 알 것 같고, 하나님 아버지의 사랑도 알 것 같습니다. 제가 좀 철이 드나 봅니다. 이렇게 보면 나이 드는 게 나쁜 것만은 아닌가 봅니다. 돈은 쇠잔해져 가나 마음은 시나브로 성숙해져 가는 듯하니 말입니다.

요즘 아침 일찍 학교에 와서 학교 문 열고 아이들과 선생님들 맞이함이 좋습니다. 기분도 상쾌합니다. 마음도 넓어지는 듯합니다. 미리미리 하루의 일과를 계획하고, 기도하고, 자신을 점검해 봅니다. 아침 일찍 나오니 고요히 자신을 살핌이 좋습니다. 혼자만의 고요한 시간을 즐기면서 차 한잔 음미함도 참 좋습니다. 자신과 대화도 해 보고, 자신을 격려도 해 봅니다. 바쁘다 보니 제 자신을 잊고 사는 듯합니다. 이런 시간이 참 소중합니다. 요즘 저는 그 누구보다도 저 자신을 사랑하고자 합니다. 문득 책상머리에 복사해 둔 고운 시가 마음에 와 닿습니다.

어느 교사의 기도

− 이해인

이름을 부르면
한 그루 나무로 걸어오고

사랑해 주면
한 송이 꽃으로 피어나는
나의 학생들이 있어 행복합니다
그들과 함께 생각하고 꿈을 꾸고
희망을 이야기할 수 있어 감사합니다

힘든 일 있어도
내가 처음으로 교단에 섰을 때의
떨리는 두려움
설레는 첫 마음을 기억하며
겸손한 자세로 극복하게 해주십시오

가르치는 일은
더 성실한 배움의 시작임을 기억하며
최선을 다하는 열정을 지니고 싶습니다
그 누구도 내치지 않고 차별하지 않으며
포근히 감싸 안을 수 있는 너그러운 마음
항상 약한 이부터 먼저 배려하는
따뜻한 마음을 지니고 싶습니다

학생들의 말을 귀담아 듣고
그들의 필요를 민감히 파악하여
도움을 주는 현명한 교사가 되게 해주십시오

아무리 화나는 일이 있어도
충동적인 언행으로 상처를 주지 않으며
자신의 감정을 절제할 수 있는
인내의 덕을 키우도록 도와주십시오

항상 미소를 잃지 않는 얼굴
지식과 지혜를 조화시켜
인품이 향기로운 교사가 될 수 있도록

노력하고 또 노력하는 오늘을 살게 해주십시오

기도하고 인내하는 사랑의 세월 속에
축복받은 나의 노력이
날마다 새로운 꽃으로 피어나는 기쁨을
맛보게 해주십시오

어느 날 그 꽃자리에
가장 눈부신 보람의 열매 하나
열리는 행복을 기다리며
오늘도 묵묵히 최선을 다하는
아름다운 교사가 되게 해주십시오

사랑을 버린 죄

오늘 제가 좋아하는 고 장영희 님의 수필집 『살아온 기적, 살아갈 기적』을 보며 역시 장영희임을 되뇌어 보았습니다. 소아마비 장애인으로 사시다가 뜻하지 않은 암으로 하늘나라로 가셨기에 안타까움이 더합니다. 장영희 님의 글과 삶을 흠모해 온 독자로서 앞으로 더 많이 펼쳐지기를 간절히 소망하였는데 너무도 일찍 하늘나라로 가신 듯하여 안타깝습니다. 저는 장영희 님의 글을 한 문장, 한 문장을 가슴에 담아 보곤 합니다. 읽을 때마다 탄성이 절로 나옵니다. 어쩌면 이토록 아름다운 사람들과 삶을 노래할 수 있는 것인지 마냥 놀라곤 하였습니다. 이 책에서 감명 깊게 되새겨 본 글입니다.

> 그리운 사람이 있다는 것, 그것만으로도 감사해요. 아프게 짝사랑하라. …… 떠나간 사람에 대한 지독한 그리움은 너무나 아파서 절대로 감사할 수 없습니다. 짝사랑의 고통도 겪어 보지 않은 사람은 알 수 없습니다. 죽어도 말로 표현할 수 없습니다. 숨이 턱 막히고 지독한 두통으로 구역질이 납니다.

나는 '인연'이란 말을 떠올리지 않을 수 없었다. 문장 끝에 마침표를 찍

듯, 매정하게 끊었던 사랑이 먼 훗날 어떤 인연으로 연결되어 다시 부딪히고 그 마침표는 쉼표, 느낌표로 변하여 문장은 다시 계속되고……. 물론 순전히 우연의 일치였지만, 과거의 사랑을 생각하며 아름다운 추억보다는 죄나 벌을 떠올려야 하는 이가 가슴 아팠다. '사랑을 버린 죄'는 마치 가슴 한구석에 무거운 돌을 달아 놓은 듯, 가끔씩 마음을 흔들어 놓는 무게로 남아 있는 모양이었다.

영국 시인 알프레드 테니슨의 '사랑하고 잃는 것이 사랑을 하지 않는 것보다 낫다' 글처럼 짧은 시간이나마 그렇게 온 마음 다해 사랑할 수 있었던 사람을 만난 것 자체가 행운이었다고 생각하렴…….

이렇게 사랑은 버리고 버림받고 만나고 헤어지고 끊임없이 이어지는 거대한 흐름인가 보다. 때로는 사랑에 상처받고 다시는 사랑을 하지 않겠다고 다짐해 보지만 어림도 없는 일, 어느덧 다시 그 흐름에 휩쓸린다.

사랑의 순환처럼 세월도 흘러 어느덧 낙엽이 하나둘씩 떨어진다. 가을은 찬란한 신파의 계절! 스산한 바람 속에서 떠난 사람을 생각하면서 눈물 한 방울 떨어뜨려도 괜찮을 것 같은 계절이다. 사랑을 버린 사람이든 사랑에 버림받은 사람이든, 다시 한 번 가슴 아프게 떠올리며 보석 같은 눈물을 흘릴 수 있는 사랑의 추억이 있다는 것은 이 가을에 한껏 누릴 수 있는 커다란 축복이다.

역시 '장영희 님의 글답다' 싶었습니다. 어쩜 이토록 아름다운 글을 펼쳐낼 수 있는 걸까요? '사랑을 버린 죄', 제목부터가 가슴을 적셨습니다. 이 글을 이해하기로는 결국 사랑함에 아파하고 고통스러운 시간을 보냄이 죄는 아니고, 인생을 아름답게 만들어 가는 고운 삶일 것입니다. 사랑함에 행복하고, 사랑을 버리기에 고통스러움에 눈물짓는 것도 우리의 삶을 아름답게 만드는 것 같습니다. 이왕이면 사랑이 이루어짐이, 고운 사귐이 지속됨이 좋지만 사람 사는 게 그렇게 되지만은 않습니다. 이를 슬퍼하는 것도 아름다움일 것 같습니다. 마음 놓고 슬퍼하고, 흐느껴 울고는 다시금 마음 추슬러 살아가는 게 우리 사람인 것 같습니다.

장영희 님의 글은 낮은 곳에 있으면서 높은 곳을 바라보고, 높은 곳에 있으면서 낮은 곳이 있음을 잊지 않는 삶의 평범한 이치가 고스란히 담겨 있었습니다. 인간의 영혼이 알록달록하듯이 무엇인가를 받아들이고 드러내는 방식이 다채롭다는 생각을 새삼 하게 되는 것도 장영희 님의 글을 읽는 즐거움이었습니다.

고운 글을 쓰고 싶어요

오늘 고 장영희 님의 유고집인 『이 아침 축복처럼 꽃비가』를 구입하고 보니, 증정본으로 장영희 육성 창작추모곡이 들어 있습니다. 반가운 마음에 곧바로 뜯어서는 오랜 시간 들었습니다. 오롯이 자신의 삶을 가식 없이 드러내는 글쓰기에 흠뻑 취해 보곤 하였는데 이제 이런 글을 더 이상 볼 수가 없습니다. 아, 왜 하나님은 이 소중한 천사를 일찍 데리고 가셨는지……. 천국에서 글을 쓰라고 하시려나 봅니다. 좀 더, 좀 더 글을 써 주시고 가셔도 되는데, 고운 글샘에 제 가슴이 미어집니다. 제 삶을 반성해 보고, 세상을 좀 더 밝고 환하게 보게 해 준 고운 님이시여! 하늘나라에서 편히 쉬소서.

장영희 님의 글을 못 보게 됨이 아쉬움으로 남습니다. 님의 글을 읽고 또 읽고 글과 이야기를 나누곤 합니다. 제가 영어가 짧아 영어는 제대로 못 보고 우리 글로 쓰신 것만 다 보았습니다. 님의 글을 보고 싶은 맘에 영어를 배워 볼까 하는 맘도 듭니다. 혹, 님의 영어 글을 누군가가 번역해 준다면 고맙지만요.

장영희 님, 사랑합니다. 그립습니다. 단 한 번도 뵌 적 없으나 글을 통해 늘 님은 제게 스승이요, 친구요, 귀감이셨습니다. 편히 잠드소서.

고운 글샘을 펼쳐 주신 님이시여! 저도 이토록 아름다운 글을 쓰고 싶습니다. 단 한 줄이라도, 제 삶을 있는 모습 그대로 드러내어 읽는 이에게 가슴 저미는 사랑을 간직하게 할 수 있다면 얼마나 좋을까요. 영이 맑아야 고운 글이 나오겠지요. 세상을, 사람을 아름답게 바라보는 그 아름다운 눈빛으로 글을 쓰시니 가능한 것을요. 그저 꾸며대는 글이 아님을 알기에 글 쓰는 이로서 고운 님처럼 저도 고운 글을 쓰고 싶습니다. 먼 훗날, 언젠가는요.

좋은 글은 다른 사람의 마음을 움직입니다. 다른 사람의 마음에 그림을 그리고, 노래하게 만들고, 좋은 사람됨을 만들어 가게 합니다. 감동을 전해 주는 글은 마치 깊은 산속 작은 샘물처럼 오랫동안 여운이 전해져 옵니다. 가슴 뿌듯해지기도 하고 콧잔등이 시큰해지기도 합니다. '시성'(詩聖)으로 일컬어지는 중국 당 나라 때의 시인 두보(杜甫)는 이런 말을 했습니다. "붓 놓자 풍우가 놀라고 시편이 완성되자 귀신이 우는구나. …… 내가 쓴 시가 사람을 놀라게 하지 않으면 죽어도 그만두지 않으리라." 이런 정신으로 시를 썼기에 두보는 1,200년이 지난 오늘 우리에게도 영향력을 미치는 것입니다. 아니! 좋은 사람이 좋은 글을 쓸 것입니다.

저도 이런 글을 쓰고 싶습니다. 단 한 줄이라도……. 지금은 못 쓰더라도 언젠가는 꼭 쓰고 싶습니다. 삶이란 참으로 적막한 것인데 보이지 않는 교감(交感)으로 사람 사이의 숨결을 이어 주는 것이 바로 글샘입니다. 글쓴이와 읽는 이가 잇대어지는 사귐으로 아름다움을 전해 주는 맛을 전해 주는 게 바로 글샘의 매력입니다.

감동을 전해 주는 글은 인위적인 기교가 아니라 정갈한 마음과 영혼의 울림이 깃들여져야 합니다. 마음을 울리게 하고, 떨리게 하는 글이야말로 척박한 삶에 한 줄기 생명의 빛으로 다가오는 고운 선물일 것입니다. 그러기에 저는 글을 꾸미는 기교를 늘리기보다는 제 마음 밭을 갈고 또 갈고닦고자 합니다. 매일 스치는 사람들과 사물들의 고운 빛깔을 바라보고 감격하면서 지극 정성으로 사귐을 소중히 여기면서 이어가렵니다. 그러다 보면 어느 순간 글샘 펼침이 한 글자, 한 글자 수를 놓듯이 시나브로 늘어 갈 것을 믿습니다.

상담 샘의 길 어렵지요

.

오늘 어느 상담 샘을 보면서 상담자들에 대해 생각해 보고는 웃음 지어 보았습니다. 상담 샘들은 가족과의 대화 속에서도 그들의 심리를 분석하거나 TV 보면서도 인물의 심리를 분석하지는 않을까 싶었습니다. 동료나 친구들과 대화하면서도 그럴까 싶습니다. 그러면 상담 샘들에겐 친구도, 조언자도, 가족도 불편하겠다 싶었습니다. 아니 상담 샘이 더 불편할지도요. 음, 그럼 이를 어쩐다……. 상담 샘은 상담실에서 나오면서 '상담 샘'이라는 역할을 벗고, 사람 사귐을 가짐이 좋을 것 같습니다. 하기야 상담 샘을 대하는 이들이 '심리분석 전문가라서 말하기 겁난다.'고 여기면 이도 어렵겠다 싶습니다만…….

어느 정신과 의사 분의 에세이에서 본 듯합니다. 자신은 일상생활에선 상담의 눈으로 세상 보기와 사람 대하기를 안 하고 그저 푼수처럼 살고, 수다 떨고, 덜렁거린다고요. 그런데도 남들은 주뼛주뼛한대요. 눈치 보고요. 정신분석하는 것으로 보는 모양이지요. 그러니 상담 샘의 삶이란 게 참 어려운 것 같습니다. 하기야 저처럼 목사와 선생들도 사람 대하기 참 어렵습니다. 제 이름 석자 앞이나 뒤에 붙는 직함이 사람을 대하는 데 선입견을 심어 주고, 사람 사귐의 방향을 설정하는 것만 같습니다. 이게 참 제 삶을 불편하게 하는 경우가 많습니다. 그냥 그렇게 봐주면 좋을 텐데요. 이래서 제가 보기엔 상담 샘의 삶이 목사나 선생과도 비슷한 구도자(求道者)의 삶이 아닌가 싶습니다.

생각 하나 더……. 우리나라에 꼭 상담실이 설치되었으면 좋겠다 싶은 곳들이 많이 있습니다. 우리 학교처럼 상담이 필요한 곳들이 많지만, 더 우선적으로 필요한 곳들이 있습니다. 그런데 어떤 곳들은 상담이 필요 없다고 여기고는 상담실 설치나 상담사 배치가 되어 있지 않습니다. 이곳들은 바로 청와대, 국회, 법원, 교육청 같은 곳들입니다. 다행히도 최근 군대와 신학대 같은 곳은 상담의 필요성을 깨닫고 우선순위로 한다고 들었습니다.

제가 나온 한신대학교 신학대학원 입학전형에서는 MMPI(The Minnesota Multiphastic Personality Inventory: 다면적 인성검사)라는 심리분석을 해야만 합니다. 이런 것들이 입학전형에 들어감은 영어, 성경, 신학전공 지식 못지않게 자신의 심리를 아는 게 중요하기 때문일 것입니다.

우리네 부모는 아이들이 커 나가는 것을 보면서 보람과 기쁨을 느낍니다. 아이들이 절 참 따르고 좋아하니 기분이 좋습니다. 오늘 사랑이가 하도 데려다 달라고 해서 어린이집에 같이 손잡고 가게 되었습니다. 걷다 보니 기분이 참 좋았습니다. 사랑하는 딸과 손에 손 잡고 걷다 보니 가만히 전해 오는 따뜻함으로 행복해졌습니다. 꼭 둘이 데이트하는 것처럼 다정다감했습니다. 사랑이는 제가 퇴근할 땐, 꼭 환하게 웃으면서 "아빠~" 하고 부르면서 반갑게 맞아 주고 안아 줍니다. 이런 누나를 보고는 겨레도 따라 합니다.

요즘은 출근할 때마다 아주 곤욕을 치릅니다. 어찌 된 일인지 만

한살인 겨레가 늦게 자고 일찍 일어납니다. 어느 땐 새벽녘에 깨서는 이리저리 휘젓고 다닐 정도입니다. 이렇게 일찍 일어나는 겨레가 꼭 저를 깨웁니다. 그러고는 놀아 달라고 떼를 씁니다. 하는 수 없이 일어나서 겨레랑 놀아 주다가 출근하려고 하면, 겨레가 펑펑 울어댑니다. 사랑이는 어린이집에서 배운 대로 정중하게 인사를 하고, 가람이는 저를 보고는 웃어 주는데 동네가 떠나갈 듯이 우는 겨레를 뒤로하고 출근하려니 제 마음이 편치 못합니다.

저는 7080세대나 386세대의 막바지인 1969년생입니다. 신세대도 아니고 노땅도 아닌 이제 중년기 초입입니다. 돈도 벌어야 하고, 아이도 키우고, 어르신도 봉양해야 합니다. 가녀린 제 두 어깨에 가족들과 부모님 봉양이라는 막중한 책임감이 짓누르는 듯합니다. 그러나 이 마음은 빼앗기는 듯한 기분이나 억지로 해야만 하는 부담이 아닌 것은 스스로 짊어지고 싶은 소중한 사랑이 깃든 것이기 때문인가 봅니다.

그 무엇보다 소중한 생명

　　제가 박사과정 공부를 시작하면서 처음 써 본 학술 논문이 생태계에 대한 것이었습니다. 다행히 이 논문이 게재되어 학술계에 제 이름 석 자를 디밀게 되었습니다. 가만히 생각해 보니, 제가 생명에 대한 생각이 잠재되어 있는 듯도 합니다. 거창하게 생명외경(生命畏敬)을 논하기는 뭐하고, 그저 작고 여린 것 하나하나에도 소중함을 느껴 보고 싶은 마음입니다.

　　생명에는 신묘막측(神妙莫測)한 비밀이 담겨 있는 듯합니다. 생명이 미약하고, 비천하다고 치부되는 단세포로 이루어졌건 복잡 다양한 다세포로 이루어졌건, 그 자체로서 소중한 존재이유와 양식이 깃들어 있습니다. 그 하나하나에 우주의 삼라만상이 담지되어 있습니다. 지금껏 수많은 학자들이 연구를 했지만 생명의 비밀은 여전히 수수께끼입니다.

　　제가 맨 처음 쓴 책 중 한 권이 바로 『사랑한다 내딸 사랑아』입니다. 이 책은 간절히 기다려 온 딸을 낳고 쓴 일종의 육아일기 형식입니다. 임신중독으로 위태로운 아내를 살리기 위해 28주 1일만에 920그램의 초극저체중 미숙아로 제왕절개 수술로 태어나야 했던 사랑이가 98일간의 신생아 중환자실에서 그 작은 몸으로 삶과 죽음의 경계선을 오르내리며 이겨낸 과정을 한 권의 책으로 엮어 낸 것입니다.

저의 게으르고 옹색한 글재주로 아주 잘 담아내지는 못했지만 매일매일 한 편씩의 일기 글로 마치 임상실험 수기 형태의 글이 생명의 소중한 가치가 무엇이며, 그 무엇을 주고도 바꿀 수 없는 생명의 신비가 주는 깨달음을 드러내 보았습니다. 그때 제가 체득한 삶의 이치입니다. 생명은 그 자체만으로 존재이유를 갖습니다. 생명의 가치는 그 어떤 존재양식이 아니라, 사랑 그 자체입니다 그 무엇보다 소중한 것으로, 그 무엇으로도 대체하거나 교환할 수 없습니다. 생명 사귐은 아무리 퍼도 샘솟듯 나오는 화수분과 같은 행복이요, 축복입니다.

저는 사랑으로 인해 생명의 신비와 소중함을 알게 되고, 생명 나눔과 사귐의 기쁨을 알게 되었습니다. 그런 이유에선지, 학교에서 공부 잘하고 여유로운 아이들보다는 조금 부족하고 연약하거나 삐딱한 아이들에게 정이 더 갑니다. 그리고 지금 3살인 겨레와 1살인 가람이를 입양했습니다.

어느 날 어느 아이와 이야기를 나누다가 어느 때인가 제 마음에 감동이 일렁거렸습니다. 그 아이는 목사님들과 선생님들이 자가용 타고 다니면서 폼 잡고 다니는 게 안 좋게 보인다고 했습니다. 자기처럼 어렵게 사는 아이들이 많은데 자가용으로 출퇴근하시는 선생님들, 학교 주차장에 즐비한 자가용이 보기 좋지 않다고 했습니다. 그리고 학교에 설교하러 오시는 목사님들의 자가용도 보기 좋지 않다고 했습니다. 사람의 생각이나 입장은 무의식적인 상처와 피해의식이 작용한 경우가 많습니다. 아마 이 아이도 목사와 선생에 대한 시선이, 자가용에 대한 생각이 뭔가 정신적으로 건강치 못한 것이 깃들어 있는 것 같았습니다. 아마도 제게 자가용에 대한 이야기를 한 것은 학교에서 유일하게 제가 자가용이 없는 사람이 저이기때문인 것입니다. 어찌되었든 이 아이가 그나마 자기 맘 열고 이야기를 한 계기가 제가 자가용 없는 가난뱅이이기 때문이라니 이것도 축복인가 싶었습니다. 그러면서 제 마음 속에서 저도 모르게 서원(誓願) 비슷하게 작정한 것이 '자가용 없이 살겠다'는 것이었습니다. 저가 무슨 분명한 삶의 철학으로 살아가는 생태지상주의자도 아니고, 자가용 있는 목사님들과 선생님들에 대해 이의가 있거나 도덕적인 우월감을 가지려 함도 아닙니다. 그냥 그렇게 살고 싶을 뿐입니다. 남들 다 하는 것을 저는 좀 안하고 싶었습니다. 굳이 없어도 될 것 같았습니다. 그로 인해 가난한 농촌 아이들과 함께하는 데 도움이 된다면 좋은 것이고, 아이들이 자가용을 굴리는 제 모습을 보고 상처를 받지 않으니 좋고, 생태공존을 몸으로 살게 되는 하나의 거리도 되는 것 같아 좋을 것 같았습니다.

저도 편리함이 좋고, 자유가 좋아 자가용을 구입하고 싶습니다. 이런 제 마음을 알기에 아예 운전면허증을 취득하지 않았습니다. 이렇게 차가 없으니 대중교통 이용하면서 느끼고 배우는 재미가 쏠쏠합니다. 농촌지역이다 보니 버스 배차 간격이 여유롭습니다. 그러니 버스 정류장에서 기다리는 게 생활화되었습니다. 버스, 기차, 택시를 이용하니 도란도란 세상 사는 이야기도 나누며 삽니다. 그리고 가장 큰 재미는 퇴근 후, 온 가족이 민들레가 피고, 코스모스가 피는 논둑길을 걸어 보는 것입니다. 제가 쓴 『사랑한다 내 딸 사랑아』에 나오는 구절입니다.

오늘 새벽, 이 땅의 수많은 미숙아들을 위해, 그리고 소아암과 소아백혈병 등으로 고생하는 아기들과 부모님들을 위해서 간절히 기도했습니다. 오늘은 저희 사랑이도 청력 검사 관계로 병원에 가는 날입니다. 지금 사랑이는 잘 자고 있습니다. 편안히 자는 모습에 저 혼자 흥에 겨워 감동과 감격에 빠져 봅니다. 사랑이 볼에 뽀뽀를 해 주었습니다. 얼마나 자랑스럽고 대견한지요.

사랑이는 갑작스런 아내의 임신중독으로 태아 기간을 7개월로 그쳐야만 했습니다. 이 세상에 나오기 위해 준비하는 시간이 34주는 되어야 한다는데, 28주 1일 만에 갑작스럽게 제왕절개로 세상에 나오면서 '초극저체중미숙아'로 98일간의 신생아중환자실 생활을 해야만 했습니다. 무려 98일간의 병원 생활을 이겨낸 자랑스러운 딸입니다. 사랑이를 위해 기도해 주시고 염려와 사랑으로 성원해 주신 분들께 이루 말할 수 없는 감사한 마음을 갖습니다. 그분들을 위해 늘 기도하면서 감사한 마음으로 살 것을 다짐합니다. 저는 사랑이를 존경합니다.

저는 제 딸 사랑이를 그리고 사랑이를 지극 정성으로 돌보는 아내를 존경합니다. 저는 사랑이에게 별다른 기대나 욕심이 없습니다. 그래서 행복합니다. 사랑이의 있는 모습 그대로를 사랑할 것입니다. 그저 하나님의 사랑 안에서 남에게 피해 주지 않고 제 앞가림하면서 살기를 바랄 뿐입니다. 이 정도는 큰 욕심이 아니겠지요? 저는 절대로 공부 잘하라고 강요하지 않을 생각입니다. 공부 잘하면 좋겠지만 연약하게 태어나서 98일간의 힘든 병원생활을 이겨낸 것만으로도 사랑이는 효도를 다하고도 남습니다. 그리고 제가 학교에 몸담고 가르치는 삶이지만, 늘 느끼는 것은 이 땅의 아이들이 공부에 지쳐 사는 모습이 안타깝습니다.

사랑이는 그저 자기가 하고 싶은 공부 하면서 들꽃처럼, 민들레처럼 살았으면 좋겠습니다. 저는 사랑이가 공부 잘하는 것보다는 열린 마음과 사랑의 실천적 발걸음과 손길을 중요하게 여기며 살기를 바랍니다. 저보다 진짜 아버지이신 하나님이 사랑이를 알아서 키우시겠지요. 저와 아내는 그저 참아버지 하나님의 도우미로 사랑이를 도울 뿐입니다. 그러니 사랑이는 저의 소유물도, 제가 이루지 못한 수많은 소망을 이루어 줄 기대물도 아닙니다. 그저 하나님의 딸을 돕는 도우미일 뿐입니다. 하나님의 사랑 안에서 들숨과 날숨을 쉴 수 있다는 것 하나만으로도 참 감사합니다.

오늘의 자녀 교육을 어떻게 할 것인가? 이 땅의 생명체를 어떻게 대해야 할 것인가? 오늘 우리는 어떻게 사랑하면서 살 것인가? 하는 수많은 질문을 해 봅니다. 늘 사랑이가 쾌어나고 견뎌낸 98일간의 시간을 되새기면서 모든 순간에 최선을 다해 보려고 다짐합니다.

편지로 열어 가는 아름다운 세상

오늘 우리가 살아가는 디지털사회는 '빠름'과 '정확함'과 '질서정연함'으로 대변됩니다. 이러한 세상에서 가장 우려되는 부분이 바로 '서로 잇대어 살아가는 기쁨'을 간직하는 것입니다. 그런 점에서 따뜻한 맘으로 서로 이해하고 다독여 주는 사귐을 담아내는 편지는 아름다운 소통의 샘물입니다. 때로는 얼굴을 마주하고 차마 말하지 못하고 맘속에 담아 두었던 말들을 끄집어내게 합니다. 쉽게 전하지 못하는 진실한 감정 표현을 편지 속에는 고스란히 담아서 전할 수 있습니다.

편지는 한 글자 한 글자 정성을 다해 쓰게 되기에 읽는 사람이 감동하게 되고, 읽는 이로 하여금 입가에 작은 미소를 머금게 합니다. 요즘처럼 각박한 세상에 한 번이라도 입가에 미소를 머금을 수 있게 한다는 그 하나만으로도 편지 쓰기는 충분히 가치 있는 일입니다. 하얀 종이 위에 한 글자 한 글자 마음을 옮기는 일이 어쩌면 힘들고 지쳐 쓰러질 듯한 세상살이로 인한 가슴앓이를 치유(治癒)하는 가장 빠른 일인지도 모릅니다. 속 시원하게 풀어 놓는 이야기보따리들이 한 아름 삶의 횡간을 꾸리고 올곧은 마음밭을 쌓아 가는 모습이 참으로 아름답습니다. 함께 보듬고 서로 다독이는 참마음이야말로 이 세상을 아름답게 만드는 참빛일 것입니다.

　편지는 맘과 맘이 부딪치는 소리를 나는 소중한 매체입니다. 누군가에게 생각과 느낌과 사랑을 담아 전하는 편지……. 편지는 상대방의 눈으로 들어가 맑은 수정체를 흠뻑 조시게 하는 감성의 얼개일 것입니다. 때로는 그저 그런 삶의 넋두리를 그냥 그렇게 토해내고, 겸손한 가슴앓이로 내내 보채기도 하고, 조금은 무겁게 삶의 궁극적인 질문을 던져 보고, 서로의 사귐을 잇대어 나가는 지고지순한 사랑입니다. 그러기에 편지는 오래 쳐다봐도 질리지 않는 끈질긴 힘의 원류이고, 우리네 삶을 아름답게 가꾸는 생명력의 원천이고, 우리의 영혼을 깨끗이 정화하고 우리의 가정을 윤택하지 하는 사랑의 에너지입니다.

　함께 어우러지며 서로의 영혼에 잘 여문 편지 한 통을 전해 보십시오. 고운 사귐의 정표와 훈훈한 바람이 깃든 세상을 만들어 가는 지름길은 바로 우리 곁에 펼쳐져 있습니다. 진정한 맘으로 빚어낸 글샘이 바로 사랑 깊은 약속이 되고, 그리움과 기대가 되고, 소중한 사귐의 추억이 될 것입니다. 편지로 열어 가는 고운 소리를 들어 보면 어떨까요?

봄의 소리

　　　　- 강정화

구만 리 먼 곳에서도
한달음에 달려오는 그리움
돌개바람 되어 산을 넘으며
봄안개 실비 되어 감싸고
연둣빛 수줍은 가지마다

소망을 틔우네

천길 언 땅 속에서도
감출 수 없는 혹독한 그리움
회오리바람 되어 내(川)를 건너며
아지랑이로 풀어 헤친 가슴에
연분홍 꽃방울 터지는 소리
세상은 사랑으로 술렁이네.

　인터넷과 모바일 등의 확산으로 편지를 보내는 사람이 드문 세상
이지만, 따뜻한 마음을 담은 한 통의 편지는 이메일이 전해 주는 것
보다 큰 사람의 정(情)을 느끼게 합니다. e－편한 세상이지만 가끔은
손으로 쓴 편지 한 통을 보내고 싶습니다. 서툰 글씨를 가다듬으면서
또박또박 마음을 담아내고, 정성을 모아 편지를 써 내려가다 보면 어
느새 여린 가슴에도 훈훈한 바람이 전해져 올 것만 같습니다. 오늘은
편지지와 봉투와 우표를 사는 수고로움을 감내하고 편지를 써 보렵
니다. 편지가 남긴 발자국에 고운 사랑이 깃들기를 바라면서…….

제2부

사랑하는 가족 이야기

저는 와이프 썬(son of wife)

우리말과 달리 제가 그다지 친하지 못한 영어에는 명사에 성(性)이 구분되어 있는 것 같습니다. 영어 실력이 일천한 제가 봐도 이런 것이 쉽게 눈에 띕니다. 전쟁(war)과 같이 터프한 건 남성이고, 봄(spring)처럼 가녀린 듯 설레게 하는 건 여성입니다. 아마 고등학생 때, 영어 공부를 한참 하다가 영어가 지닌 성차별을 안 듯하여 혼자 웃었던 기억이 납니다. '영어는 이렇게 단어 하나하나에도 성별을 나눌까.'

이에 반해 우리말은 명사에 굳이 성별을 구분하지 않으니 쉽고 편해서 좋습니다. 우리말과 글이 최고인 것 같습니다. 제가 영락없는 국어교육과 출신의 국어 샘이다 보니 이런 게 눈에 띄나 봅니다. 그러나 우리말도 가만히 보면 영어보다 나을 것도 없습니다. 더욱이 이게 남녀 간의 성역할 고정관념인 듯하니, 더 찜찜합니다. '튼튼하다' 혹은 '듬직하다'나 '든든하다'라는 말은 주로 남성에게 쓰는 말입니다. 만약 여성에게 이런 말을 한다면 칭찬이 아니라 비꼬는 말로 혹은 모욕으로 전달되어 곤욕을 치를지도 모릅니다. 그런데 저는 중년기를 보내면서 제게 있는 아니마(남성 속의 여성성)가 발현되는 것 같습니다. 그리고 거꾸로 제 아내는 아니무스(여성 속의 남성성)가 발현되는 것도 같습니다.

　사실 저희 집은 저와 아내의 역할이 거꾸로인 경우가 많습니다. 하기야 이게 중년기로 접어든 시점에서만은 아니었지만요. 제가 하도 주변머리와 개념 결핍증이 심해, 부득이 아내라도 챙기지 않으면 안 되다 보니 그렇게 되었는지도 모릅니다. 저는 점점 더 마마보이처럼 아내에게 의존하며 평안함을 만끽하게 되었습니다. 그러니 저는 문득 아내가 듬직하게 느껴집니다. 제가 아내에게 듬직함을 느끼는 것은 모욕이 아니라 애정 깊은 존경의 예를 다하는 표현입니다. 그러니 저는 애처가나 공처가는 아니고 등처가일 것입니다. 그러니까 저는 아내를 지고지순하게 사랑하는 것이 아니라 아내에게 좀 떠넘기는 제2의 마마보이일 것입니다.

　제 아내는 연애시절부터 지금까지 늘 저를 믿어 주고 지지해 주는 가장 큰 지지대입니다. 저는 제가 봐도 현실감각이라고는 눈을 씻고 찾아봐도 없는 듯하고, 똥딴지같고 별종 같은 생각과 일을 벌이기 대장입니다. 제가 생각해도 제 아내니까 이런 저를 받아 주고 믿어 주고 따라 주지, 누가 그럴 수 있을까 싶기도 합니다. 제가 워낙 개념이 없고 아내가 받쳐 주니까 이렇게 살아온 것인데, 정작 고마움과 미안함도 잘 못 느낄 때도 많습니다. 마치 물과 공기처럼 늘 있기에 생명의 근원임을 잊고 살 듯, 이처럼 아내의 사랑을 잘 느끼지 못하여 말로 잘 표현도 안 합니다. 그러다가 남들이 제가 살아가는 별종기능을 보고는 한마디씩 하면 그제야 제 아내니까 같이해 주는 것을 깨닫고는 마음으로 고마움과 미안함을 느낍니다. 그러나 겉으로 표현하는 덴 서툰 주변머리라서 말로 표현 안 하니, 이런 제 마음을 아내가 알기나 할까 싶기도 합니다. 아무리 마음 깊은 사랑이라도 표현치 않으면 전달되지 않을 수 있는 것을요. 이를 알면서도 아직은 표현에 서툰 것을 보면 경상도사람의 피가 찐하게 남아 있나 봅니다.

아내는 연애시절 가진 것 하나 없고 만학도요, 고학도인 저와 사귐을 가지면서 맘고생이 극심하였습니다. 대개 신랑감에 대해서 묻는 것이 장래에 대한 것인데 그야말로 미래가 불투명한 오리무중의 삶이었습니다. 그러다 보니 결혼의 시기도 주저하였는데 지극히 내향적인 아내가 오히려 서둘러서 결혼날짜를 잡았을 정도였습니다. 아내는 결혼 후 지금의 집을 알아보고 계약하는 것은 물론이고, 집안의 대소사를 챙기는 것과, 경제적인 부분도 모두 아내가 담당합니다. 저는 사실 제 봉급이 얼마인지, 제가 얼마를 헌금하는지도 잘 모릅니다. 어렸을 때 헌금을 부모님에게서 받아 그대로 교회에 내는 배달헌금생활을 지금도 이어오고 있습니다. 주일 아침마다 아내가 저와 사랑이에게 헌금을 줍니다. 그러니 저는 가장이라기보다 성인아이랄까요, 큰아들인 셈입니다. 오죽하면 사랑이가 제게 뭘 사 달라고 하기보다는 엄마에게 간곡히 건의합니다. 사랑이도 아빠인 제가 자기와 같은 처지임을 잘 아는 것 같습니다. 그러니 사랑이가 제게 뭐가 필요하다고 간청할 필요가 없는 동지이지요. 어제는 되려 사랑이가 제게 거금 천 원을 무상으로 주는 사랑을 베풀었습니다.

모든 경제권이 아내에게 집중되다 보니 가끔은 아쉬운 게 하나 있습니다. 아내에게 몰래 선물이라도 하려고 해도 하루하루 찔끔찔끔 타서 쓰는 처지라 엄두조차 못 냅니다. 하기야 워낙 그런 잔잔한 애정을 표현하는 센스가 작동하지 않는 남편임을 알기에 별 기대도 안 하지만요.

사실 아내는 제가 뜬금없이 저지르는 일에 뒷감당을 잘해 주곤 합니다. 제가 연애시절 신학대학원에 다니면서 국어교육과에 편입학하여 교사자격증을 따서 나름대로 진로를 모색하고자 한다고 했더니, 아내는 보장된 것이 없는데 꼭 해야 하느냐고 했습니다만 제가 극구 한번 도전해 보겠다고, 하니 허락해 주었습니다. 연애시절 이야기인데 허락이라 함은 사실 아내가 첫 입학금과 등록금을 내 줘야만 했습니다. 그리고 결혼 후에도 지금까지 이 학교, 저 학교로 이어지는 학위과정을 빚을 내면서까지 해야겠다고 하면 반대를 하다가 제가 사정사정하면 못 이기는 체 또 받아 줍니다.

　아이들 입양도 그랬습니다. 정작 아내가 아기 키우느라 고생이 이만저만이 아닌데 함께해 주었기에 가능하였습니다. 그렇게 해서 겨레가 잘 자라게 되었습니다. 아내는 경기도 안양이 고향인데 제가 오늘의 학교로 부임을 하면서 아무 연고도 없는 이곳에서 함께해 주고 있습니다. 제가 이런저런 세상살이에 이리저리 치이기도 하고, 이 일 저 일 벌이고 뒷감당을 하지 못하면서도 마음 든든함은 아내가 제 매니저로, 보호자로 늘 곁에 있어 주기 때문일 것입니다.

　잔정을 표현할 줄 모르는 저와는 달리 아내는 시부모님에게도, 시누이들에게도 참 잘합니다. 그리고 누가 뭐래도 저를 믿어 주고 격려해 줍니다. 학교 일이나 교회 일 그리고 요즘 글쓰기 일도 아내의 도움을 참 많이 받습니다. 하도 오랜 세월 서툰 저를 도와주다 보니 이제는 제가 무엇을 원하는지 알고 착착 맞춰 주고 아주 멋지게 보완도 해 주곤 합니다.

　저는 아내의 말 한마디에 기가 살고 자극을 받고 힘을 얻습니다. 아내는 아침마다 출근하는 저에게 꼭 사랑이와 겨레와 함께 셋이서 인사를 합니다. 아내와 아이들이 정중하게 나란히 서서 하는 인사를 받으면 꼭 제가 영웅이나 된 듯한 기분에 신이 납니다. 그리고 가끔은 아내가 아이들에게 보여 주는 게 좋다고 하면서 제 볼에 뽀뽀도 해 준답니다. 그러면 아이들도 덩달아 서로 자기가 먼저 뽀뽀를 하겠다고 달려드는 바람에, 현관에선 웃음꽃이 활짝 피어납니다. 남편 기를 살려 주는 아내가 참 좋습니다. 이러니 저는 참 영락없는 제2의 마마보이로 이제는 와이프 썬(son of wife)인가 봅니다.

아내와 함께 늙어가기

늙어 가는 아내와의 노동
- 정성수

늙어 가는 아내와 나의 노동은
일당산 곰지기 계곡 나무집에 앉아
추억 속으로 돌아가는 길
조금씩 지우는 일

폭죽처럼 날아오르는 아침 새떼를 향해
함께 손뼉 치는 일

다시 저녁이 올 때까지
상처받은 별들의 실밥
조심조심 풀어 주는 일.

　제가 가장으로 돈을 벌어 오기는 하지만 저는 정말 사랑이 말대로
잘하는 게 없습니다. 집안일도 잘 안 돕고, 집에서 흔히 남자가 해야
하는 일도 잘 못합니다. 저는 사실 넥타이 맬 줄도 모릅니다. 결혼한
지 10년, 지금껏 아내가 매 줘야 넥타이를 매고 옷도 아내가 코디를

해 줘야 제대로 갖춰 입고 학교나 교회에 갑니다. 제가 쓴 글도 아내가 꼼꼼하게 교정 보고 지적해 줘야만 세상에 내놓을 지경입니다.

아들 겨레 입양도 억지를 부리고 떼를 쓰고 부탁을 하여 아내가 감내하기로 마음먹었기에 가능한 일이었습니다. 아기 키우는 데 얼마나 손이 많이 가는지, 아기 대소변 기저귀 갈고, 매일같이 이유식 먹이고, 빨래하고, 안아 주고 놀아 줘야 하는 고충을 잘 모릅니다. 그저 아기는 혼자서 크는 줄만 알았나 봅니다. 참 무책임하고 무감각이 만땅인 남편입니다. 이런 저를 데리고 살아 주는 아내가 그저 고맙고 미안할 뿐입니다. 어쩌면 아내는 사랑이와 겨레말고 더 큰 아기를 키우는지 모릅니다. 십 년이 넘도록 자라지 않은 성인 아이를요.

사실 마음은 아내에게 고마움을, 미안함을 표현한다 하면서도 왠지 쑥스러움에 제대로 표현하지 못합니다. 아내가 자신에게도 편지 좀 써 달라는데 쑥스러워서 한 줄도 못 쓸 것만 같습니다. 작년에 아내는 어머니학교를 다니면서 제게 정성을 다해서 쓴 편지를 보내 주었는데, 한 구절 한 구절 애절하게 다가오는 사랑고백에 그만 저는 아내 몰래 눈시울을 적셨습니다. 제가 뭐 잘해 준 게 있다고 고마워하고 사랑한다고 하니…… 그저 더 미안하고 고마운 마음에 아내가 아름답게 보였습니다.

저는 참 행복한 사람입니다. 제게 소중한 사랑이 그리고 아빠를 엄청나게 좋아하는 우리 아들 겨레가 저와 늘 함께해 주기에 늘 마음이 따뜻함을 느낍니다. 그리고 멀리 떨어져 살지만 늘 저를 사랑해 주시는 제 아버지와 어머니와 여동생들 처가 식구들이 있습니다. 제가 한 명의 아이를 더 입양하고자 한다는 것에 강하게 반대하던 아버지는 제가 울면서 간청하니 두 손 두 발 다 드시고는 제가 고생할까 싶어 반대하는 것인데 네 뜻이 정 그렇다면 그렇게 하라고 하셨습니다.

제 뜻에 허락해 주신 아버지의 사랑이 제 가슴에 감동으로 전해져서 그만 울고 말았습니다. 그저 울먹이면서 "아버지, 잘할게요. 아버지 고마워요. 아버지, 어머니한테도 잘할게요. 앞으로 더 열심히 살게요." 하고 말씀드렸습니다.

어린 시절엔 아버지를 원망하기도 하였는데 이런 감정들이 눈 녹듯이 없어지고, 훈훈한 아버지의 정이 전해져 오는 듯하여 감격스러웠습니다. 제 어머니는 제 건강을 염려하셔 여기저기 돌아다니시면서 약초라 불리는 것들을 캐서 보내 주십니다. 예순이 넘으신 연세에 힘든 고역일 텐데도 뙤약볕의 힘겨움도 아랑곳하지 않고서 보내셨습니다. 이를 아내가 정성스럽게 달여서는 약으로 만들어 주었습니다. 매일 아침 이를 마시면서 힘을 얻습니다.

오늘 아침 출근길엔 안개가 자욱했습니다. 앞을 가늠하기 힘든 아침안개를 뚫고 학교 가는 길에 참새들이 정답게 노래를 해 주었습니다. 참새들의 노래를 들으며 경쾌한 발걸음을 내딛으니, 제가 꼭 무슨 개선장군마냥 흥에 겨워 혼자서 가쁘게 걸었습니다. 걷다 보니 문득 스쳐 지나가다 본 영산홍들이 반갑다고 손짓하는 듯하고, 하늘 높이 곱게 자란 나무들이 손을 흔들어 인사하는 듯도 하였습니다. 걷다 보니 안개가 서서히 걷히니까 더 흥에 겨워 뛰어도 보고 걸어도 보면서 한 바퀴 휘돌아 보기도 하였습니다. 누가 보면 저 사람 왜 저러나 했을지 모릅니다. 학교에 거의 도착할 즈음, 이제 춘추가 80이 다 되신 교회 집사님 내외분이 다정하게 걸어가는 것을 보았습니다. 반갑게 인사를 나누고 서로의 갈 길을 재촉하였는데 문득 저도 퇴임하고 아이들도 제 곁을 다 떠나가고 나면, 아내와 단둘이서 다정하게 여기저기 다니면서 살면 좋겠다는 생각을 해 보았습니다. 이제 중년기 초입인 저는 아내와 함께 사랑하며 살면서 곱게 늙어 가고 싶습니다.

일본 다니구찌의 말입니다. "연애시절의 장밋빛 로맨스가 결혼생활의 부엌살림까지 연장되도록 하려면 서로 상대방에 대한 애정을 성실하게 보존해 나가야 합니다." 옛날에 금실이 아주 좋은 80대 부부가 있었습니다. 어떤 사람이 이 부부에게 물었습니다. "어떻게 하셨기에 아직까지도 신혼부부 같은 애정을 간직할 수 있습니까?" 노부부는 대답하기를 "현재 우리들의 사랑은 신혼 때와는 비교할 수 없을 만큼 깊어졌고 성숙해졌습니다. 우리는 평생 밀월여행을 하는 기분으로 살았습니다."라고 대답했습니다. 그들은 항상 서로에게 예의를 갖춰 대하였으며, 떠나 있을 때는 하루 한두 번씩 꼭 전화를 하였으며, 집에 돌아올 때는 반드시 선물을 가지고 오는 등 계속적이고도 풍부한 애정을 표현했다고 하였습니다. 저도 제 아내와 사랑을 이어 가고, 풍성하게 만들어 가는 노력을 하렵니다.

제가 참 좋아하는 그림이 바로 밀레의 '만종'입니다. 저야 미술에 문외한이라 이 그림의 미술적 기법이나 우수성에 대해선 잘 모릅니다. 다만 그림이 주는 묘한 감동이 전해져 오는 듯하여 좋습니다. 이 그림을 보면 가난한 살림의 부부가 밭에서 일하고 있는 모습이 참 행복해 보입니다. 이른 아침부터 밤 시간까지 힘들게 일하는 고된 삶이지만 부부가 함께하기에 아름다워 보였습니다. 또한 이 부부는 마주 보고 있는 듯합니다. 가까이서 서로 마주 보는 그 모습이 아주 정다워 보였습니다. 사랑을 주고받는 모습이 전해지는 듯합니다. 성경 잠언 15장 17절에 보면 이런 말씀이 나옵니다. "채소를 먹으며 서로 사랑하는 것이, 살진 소를 먹으며 서로 미워하는 것보다 낫다." 이 그림의 매력은 바로 부부가 열심히 일하다가 멀리서 들려오는 종소리에 바쁜 일손을 잠시 내려놓고 손을 모아 기도하는 장면입니다. 바쁜 삶을 멈출 줄 아는 삶의 여유와 기도하는 삶이 제 가슴에 깊은 감동으로 남아 있습니다. 아내와 이렇게 늙어 가면 좋겠습니다.

가족신문 만들기

오늘 퇴근하고 보니 사랑이가 제게 어린이집 숙제라면서 종이 한 장을 내밀었습니다. 저는 순간 '무슨 어린이집에서 숙제를 내주나. 우리나라는 너무 공부 공부 하는 것 같다. 세상에, 어린이집에서 한글은 물론, 산수와 영어, 한자도 배우더니 이젠 숙제도 해야 하는구나.' 하는 생각에 딸아이를 바라보는 표정이 밝지 않았습니다.

사랑이는 제 표정을 보고는 삐죽 입을 내밀고는 이렇게 말했습니다. "아빠, 이거 꼭 숙제해야 돼. 아빠가 도와줘야 한단 말이야. 선생님이 그렇게 하라고 하셨어." 저는 하는 수 없이 무거운 마음을 뒤로 하고 사랑이가 전한 종이를 받아 들었습니다. 그랬더니 참~ 저 혼자 별생각을 다한 것이었습니다. 이건 뭐 어려운 공부 숙제는 아니고 '가족신문 만들기'였습니다. 이미 사랑이가 할 부분은 다 했고, 가족 사진과 엄마가 할 부분도 다 끝낸 상태였습니다. 제가 할 부분은 우리 집 가훈을 알려 주는 것과 딸에게 짧게 편지를 써야 하는 것이었습니다. 뭐, 어렵지 않은 숙제다 싶어 안심하고는 연필을 들었습니다.

그런데 막상 쓰려고 하니 콱 막혔습니다. 사실 저희 집엔 가훈이 없었습니다. 그러고 보니 결혼 10년차이고 딸아이가 7살인데 지금껏 가훈을 만들 생각조차 없었습니다. 그렇다고 가훈이 없다고 빈칸으로 하자니 사랑이에게 혼날 것 같고, 뭐라도 쓰긴 써야 할 듯한데 딱 떠오르는 말이 없었습니다.

문득 저희 집이 이상한 건가 싶었습니다. 저는 어디를 가나 목표나 지침이 있는 걸 봅니다. 학교 교무실 제 자리에서 정면으로 보이는 태극기 바로 좌우로 국정지표란 게 있고, 전북교육지표와 추진방향이란 게 있습니다. 그리고 학교에서도 교훈이 있고 각 교실마다 급훈이란 게 있습니다. 제가 섬기는 교회도 매년 표어를 만들어 주보에 싣고 현수막으로 비치하여 보게 합니다. 온통 지향점을 제시하는데 정작 저희 집엔 그런 게 없었습니다. 아마도 어린이집에서 숙제로 가훈을 꼭 쓰라고 칸을 만든 건 당연히 집집마다 가훈이 있고, 있어야 한다고 생각하기 때문인가 봅니다. 그런데 정작 저희 집엔 없는 가훈을 어쩌란 말인지…… 이제 일곱 살 딸에게 가훈이 없다, 그런 거 뭐 중요하냐고 말하기도 뭐하고요. 어쩌면 저는 일부러 여기저기서 목표를 정하고 그 목표로 우리의 삶을 정신없이 치닫게 하는 게 싫어서 집에서라도 가훈이란 걸 안 하고 싶었는지 모릅니다.

사실 저는 나라와 학교와 교회 등의 지표를 잘 모릅니다. 선명하게 눈에 띄는 곳에 부착되어 있으나 그다지 의식하지 않고 보고 삽니다. 하는 수 없이 사랑이 얼굴을 보고는 "서로 사랑하자"라고 적었습니다. 사랑이는 밝게 웃으면서 "아빠, 이게 우리 집 가훈이야? 내 이름이 들어갔네." 하며 좋아하는데, 대충 생각난 걸 대충 적은 것이라 양심에 털 난 짓을 한 것만 같아 뜨끔했습니다. 아내가 다 안다는 것인지 그냥 웃는데 저는 왜 이리 창피한가 싶었습니다. 그런데 적고 보니 그런대로 가훈으로 좋을 것도 같았습니다. 뭐, 성경적이기도 하고, 딸아이 이름도 들어가고, 짧게 쉽고요.

졸지에 오늘부터 저희 집 가훈은 '서로 사랑하자'가 되었습니다. 저희 집의 지향점과 방향이 정해졌으니 이제부터 서로 사랑해야지요. 그러나 이를 보기 좋은 곳에 적어 두거나 할 마음은 전혀 없습니다. 그냥 마음에 새기면 될 것을 눈에 띠는 곳에 꼭 부착하고 기억하려고 애쓸 필요는 없을 듯합니다. 제 맘에 별로 그러고 싶지 않아서입니다. 집에서라도 좀 자유혼이 되고 싶은 마음일까요.

내친 김에 사랑이에게 쓰는 편지도 짧게 써 주었습니다. 오랜만에 직접 연필로 쓰는 편지라는 감회가 정겨웠습니다. 글이 온통 기계글씨와 이메일과 핸드폰 문자메시지로 홍수를 이루어 글 보기가 싫은 경우도 많습니다. 수시로 보는 이메일과 문자메시지도 온통 광고가 많고, 불특정 다수에게 보내는 내용들이 많아 안 보기도 합니다. 이런 건 정성도 관심도 없는 것 같아서 조금 싫습니다. 그런데 지난달에 사랑하는 졸업생 배새일이 제게 손으로 쓴 편지를 보내 주어 얼마나 반갑고 기뻤는지 모릅니다. 선생이라 불리며 살아온 지 어언 10년인데 이렇게 반갑고 기쁘고 보람됨이 편지 한 통에 있었습니다.

사실 학교에서 우편물이 어쩌면 제일 많은 사람이 바로 저일 정도로 책이나 서신이 많습니다. 그런데 이번처럼 편지봉투에 정성 다해 주소를 쓰고 편지지에 직접 손으로 쓴 편지를 받는 건 아주 드문 일이 되어 버린 세상입니다. 아주 오래전에 제가 귀한 벗님들과 편지를 나눌 땐 정성 다해 손으로 써서 보내는 수고를 하고 답신 받는 시간을 기대하며 기다리는 재미와 기쁨에 아주 행복했습니다. 그런데 어느 날부턴가 이런 행복감이 없어졌습니다. 저부터 손으로 쓴 편지를 보내지 않은 지 10여 년이 지나간 듯 까마득하게 느껴지고 그런 편지를 받는 경우도 아주 드물게 되었으니까요. 그래도 고마운 건 요즘 사랑이가 글씨를 알아 가면서 제게 짧게나마 편지를 써 주곤 합니다. 맞춤법과 띄어쓰기가 틀리고 글씨가 삐뚤빼뚤이나 어찌나 정겹고 사랑스러운지요. 언젠가는 제 생일에 써 준 편지를 제 지갑에 고이 간직하고 다녔습니다.

"아빠, 생일 추카혜. 사랑해. 마니마니. 알라뷰. ♡♡"

그러고 보니 제가 참 마음이 무딘 듯합니다. 사랑하는 사랑이에게 손으로 쓴 편지를 제대로 써 준 적이 없습니다. 그냥 받기만 잘하고는 그쳤습니다. 사랑이도 참 무던한 게 답장 보내라고도 안 합니다. 에고, 그래도 제가 알아서 답장을 보내야 하는 건데요. 이번에 제자 새일이 편지도 받기만 하고는 답장을 안 했습니다. 그저 고맙고 대견함에 제가 쓴 책 하나에 짧게 적어 보내고 말았습니다.

오늘 당장 시간 내서 사랑하는 딸과 새일이에게 손으로 쓴 편지를 쓸 생각입니다. 생각난 김에 오늘 당장이요. 사랑이랑도 편지를 주고받는 연애를 해 볼 생각입니다. 편지지에 써서 편지봉투에 넣어서 어린이집으로 보내면 사랑이가 반갑게 읽어 주겠지요. 이런 생각을 이제야 하다니요. 어린이집 숙제를 하다 보니 아주 귀한 깨달음과 삶의 지혜를 체득하게 되었습니다.

딸에게 편지를 보냈어요

사랑이는 모릅니다. 손으로 쓰진 못 하고 워드로 쳐서 고이 접어 편지봉투에 넣어 우표를 붙여서 보냈습니다. 아마 이틀 후면 어린이집에 도착할 듯싶습니다. 사랑이가 좋아할지 모르겠습니다. 아빠가 보내는 편지가 사랑이에게 기쁨을 줄지…… 가끔 사랑이에게 편지를 써보려 합니다. 뭐랄까? 아빠와 펜팔 하는 딸, 부녀지간의 펜팔을 기대해 봅니다.

사랑하는 딸 사랑이에게

가끔 우리 딸이 아빠에게 편지를 보내 주었는데 아빠는 편지를 보낸 적이 없는 것 같아. 그래서 아빠가 이렇게 편지를 쓰는 거야.

사랑아. 아빠가 널 얼마나 사랑하는지 알고 있지? 네가 엄마 뱃 속에 있을 때부터 아빠는 널 정말 사랑했어. 아빠와 엄마는 간절히 예쁜 아기를 허락해 달라고 하나님께 기도드렸어. 오랫동안 기다리고 기도하던 어느 날 엄마가 '사랑의 동산'이라는 곳에 가서 기도하고 말씀 듣고 아주 행복한 시간을 보냈지. 그리고 얼마 지나지 않아 드디어 엄마가 임신을 했지. 바로 우리 사랑이가 엄마 뱃 속에 있었던 거야. 그때 엄마와 아빠는 얼마나 기뻤는지 몰라.

우리 사랑이는 그렇게 엄마와 아빠의 기다림과 기도와 사랑 속에서 우리 가족이 된 거야. 그런데 간절히 기다리고 기대하던 네가 엄마 뱃 속에서 10개월 동안 편안하게 지내야 하는데 그만 엄마가 임신 중독이 되어 급하게 널 꺼내야만했어. 그날이 바로 네 생일이지. 이날 엄마와 아빠는 얼마나 떨렸는지 몰라. 네 건강을 위해 기도하게 되고. 이렇게 태어난 너는 원광대학병원 신생아중환자실로 옮겨져서 무려 98일 동안 병원생활을 했지.

너는 기억나지 않겠지만 그날부터 엄마와 아빠는 네가 건강하게 자라기를 매일같이 간절히 기도하면서 너를 만나러 병원에 갔었어. 그때의 이야기를 이번에 아빠가 네 생일 선물로 책으로 냈지. 사랑아, 어때, 네 생일은 6월 2일인데 4월 19일에 미리 준비한 생일선물……. 쓰긴 아빠가 쓴 것이지만 이 책은 아빠 책이 아니야. 바로 널 위한 책이지. 그래서 책 제목도 네 이름이 들어가게 하고, 사진도 너와 아빠가 들어간 것으로 하였어. 네 책이 나왔다고 좋아해 주니까 아빠가 좋았어. 아빠가 고생해서 쓴 책을 보고 네가 좋아해 주니까 얼마나 좋은지…….

사랑아! 우리 사랑이는 기도도 잘하고, 말도 잘하고, 노래도 잘하고, 춤도 잘 추지. 그림도 아주 잘 그리고, 엄마 닮아서 요리도 좋아하고 음악도 좋아하고. 우리 사랑이는 못하는 게 없어. 어쩌면 이렇게 잘하는 게 많은지. 아빤 잘 못하는데. 그래서 네가 하는 거 잘 못 도와주니 미안해. 전에 종이접기를 도와 달라는데 아빠가 못한다고 하니까 네가 울었던 거 기억나. "아빠는 왜 못한다고 그래. 해 보지도 않고서…."

그땐 진짜 아빤 미안했어. 아빠는 정말 할 줄 아는 게 없어. 사랑아, 너도 알지. 엄마는 잘하는 게 많은데 아빤 잘하는 게 없잖아. 그나마 조금 잘하는 게 하나 있다면 아빠가 글 쓰는 거잖아. 그래서 다른 건 엄마가 잘해 주니까 아빠는 우리 사랑이한테 편지를 써서 보내려고 그래. 앞으로는 가끔 편지 보낼게.

사랑아, 너도 아빠한테 답장 써 줄 거지? 옛날에 엄마랑 아빠랑 서로 좋아할 때 자주 편지를 썼어. 그때 편지를 쓰고 답장 받는 재미가 아주 행복했어. 그 편지들이 지금은 어디로 갔는지 없지만.

앞으로 아빠랑 사랑이랑 서로 편지 보내자. 그럼 우리 재미있고 행복할 거 같아. 아빤 늘 우리 사랑이가 자랑스럽고 좋아. 아빠가 차도 없어서 좋은 데도 잘 못 데리고 가고 맛있는 것도 잘 못 사 주는데도 이 아빠를 좋아해 주니까 정말 고마워. 동생 겨레도 잘 돌봐 주니까 더 고맙고.

아빠는 그저 네가 몸과 마음이 건강하게 자라 주기만 바래. 늘 지금처럼 사랑스럽게 자라 주기를 바래. 너는 지금까지 이 아빠에게 큰 자랑이야. 사랑아, 아빠는 널 정말로 정말로 사랑한다. 아주 많이……

2010년 5월 26일
사랑하는 아빠 한승진 보냄

딸이 보내 준 답신을 보면서

이제 나이 7살이라 맞춤법이 틀리지만 그냥 그대로 쓰렵니다. 그런 게 중요한 건 아니니까요. 아빠를 사랑하는 딸의 그 마음이면 한 줄 한 줄 아니 한 글자 한 글자가 가슴에 와 닿는 감동입니다. 아빠가 보낸 편지를 받아 보고 아주 좋아했다고 합니다.

아내는 제 편지가 7살 딸에게는 좀 내용이 어렵다고 마치 중고등학교 다니는 딸에게 쓴 듯하다는 아쉬움을 지적해 주었습니다. 저도 사랑이 수준에 맞추려 애를 쓴 건데 이 모양이었습니다. 아내는 사랑이가 보낸 답신이 아주 감동적이라고 아빠를 사랑하는 마음이 고스란히 잘 담겨 있다고 좋아했습니다. 자기한테도 편지 좀 쓰라고 투덜대기도 하면서요.

아빠에게

아빠, 치즈케익과 초코 짱♥

그리고요, 고맙습니다. 알러뷰, 근데 파리바게트까지 어떠게 갓어요? 깜깜한 이 저녁에… 몸은 조심해서 다행이구, 그리고 그동안 글쓰고 논문쓰느라 힘들지요? 내가 어깨주물러줄게. 그러니까 힘내*^ ^* 그리고 모든지 못하

지만 재 아빠가 돼서서 너무 기뻐요. 언제까지나 알러뷰♥

우리아빠 최고*^ ^*

아빠를 사랑하는 사랑이가

사랑이 편지……. 아내 말대로 감동 그 자체입니다. 사랑이는 어제 엄마랑 쿠키도 만들고, 그림도 그리고 한글공부도 해야 하기에 바쁘다고 했는데 그렇게 바쁜 시간을 쪼개어 아빠에게 정성 다해 답장을 써 주었습니다. 이제 7살인 사랑이의 어휘력이나 문장 표현력을 감안하고 보면, 몇 줄 안 되는 글이지만 사랑이 마음을 고스란히 잘 표현한 것 같습니다. 저는 기분 좋게 몇 번을 읽고 또 읽다 보니 다 외울 정도가 됐습니다. 사랑이 편지를 제 책상에 잘 보이는 곳에 두고두고 보렵니다.

제가 아빠이기에 그냥 좋다는 것입니다. 이 아빠는 사 달라는것도 마음대로 못 사주고 차가 없어 여행 한번 제대로 못 시켜 주는 미안함이 많은데 사랑이는 그냥 뭐든지 못하는 아빠가 자신의 아빠라서 좋고, 기쁘고 최고라네요.

저는 사랑이에게 자주 편지할 것을 약속했습니다. 매일 만나는 한 가족이지만 말로만이 아니라 글로 서로의 사랑을 표현하고 마음을 나눔이 얼마나 행복한지 모릅니다. 42살 아비와 7살 딸이 주고받는 편지 나눔도 행복을 더해 주는 삶의 활력소가 될 듯합니다.

사랑하는 딸 사랑이에게 2

　　우리 예쁜 딸 사랑아. 네가 써 준 답장 받고 아빠는 기분이 너무나 좋았어. 네 답장이 좋아서 아빠 학교 책상 유리 속, 잘 보이는 데 넣고 보곤 해. 학교 선생님이나 오빠들이 물어보면 자랑해. 우리 딸이 아빠에게 보내 준 편지라고. 네 편지에 윙크하는 그림이 바로 너잖아. 귀엽고 깜찍하고. 아빠는 네가 아빠 딸이라는 것만 생각해도 막 신이 나.

　요즘 아빠를 아는 사람들이 네가 교회 유치부에서 한 율동 보고 칭찬을 많이 하셔서 기분이 더 좋아. 아빠는 사람들 많은 데서는 말도 잘 못하고 율동도 못하는데 너는 참 잘하지. 아마 그건 엄마 닮은 것 같아. 아빠가 보니까 우리 딸 사랑이는 억지로 하는 게 아니라 좋아서 하는 것 같더라. 그것도 동작 하나하나를 정성 다해서…… 손짓과 눈빛 그리고 온몸이 아주 자연스러웠어. 어쩌면 우리 딸은 이렇게 율동을 잘할까. 언젠가 네가 아빠에게 했던 말이 기억나는구나. "율동할 때, 마음속으로 손과 발 하나하나를 예쁘게 하는 걸 떠올리면서 즐겁게 한다."

　자랑스러운 우리 딸 사랑아, 아빠는 네가 꼭 상을 받아서 기분이 좋은 건 아니야. 그저 네가 하고 싶어서 열심히 하는 게 보기 좋았어. 억지로 하지 않고……. 그리고 이번 율동은 친구들과 같이 해야 하는 거였잖아. 너 혼자만이 아니라 같이 하는 걸 잘하는 게 더 멋진 것 같아.

미국의 전 대통령 부시 대통령이 어렸을 때 이야기래. 한번은 부시 대통령이 어렸을 때, 동생 조나단이 야구 경기를 마치고 집에 들어오면서 엄마를 불렀대.

"엄마, 저 홈런 쳤어요." 그때 엄마가 엄하게 꾸짖으셨대.

"네 자랑은 하지 마라. 중요한 건 너 혼자 잘하는 게 아니라 네가 속한 모두가 잘하게 하는 거야. 그런 사람이 멋진 사람이야."

그러니까 부시 대통령의 엄마는 아들에게 아주 중요한 걸 알려 주신 거야. 우리 사랑이가 혼자만 잘하는 사람이 되기보다 다 같이 잘하는 사람이 되기를 바래. 아빠는 꽃과 나무를 참 좋아해. 그런데 꽃과 나무가 하나만 멋있는 것 보다는 꽃이 모여 아름다운 꽃밭을 이루고, 나무가 모여 아름다운 숲을 이루는 게 보기 좋은 것 같아.

사랑아, 이제 겨레 말고 또 가람이도 네 동생이 되잖아. 너도 아는 것처럼 네 동생들은 하나님의 사랑 안에서 하나가 된 우리 가족이잖아. 사랑이 너하고 아빠와 엄마는 혈액형이 모두 A형인데, 동생 겨레는 B형, 가람이는 AB형이지. 우린 이렇게 혈액형이 다르지만 한 가족이지.

사랑아, 이런 말이 있어. '물'보다 진한 게 '피'라고……. 그런데 그 피보다 진한 게 뭔 줄 아니? 바로 '정'(情)이야. 어, 네가 언젠가 아빠한테 할아버지가 사 주신 초코파이에 쓰여 있는 한자를 물어본 적이 있지. 기억나? 그때 아빠가 알려줬잖아. "서로 사랑해요 할 때 '정'이라는 글자야." 그래. 우리 가족은 서로 다르지만 서로 다름을 인정하면서 이해하고 사랑하는 한 가족이야. 아빠와 엄마가 동생들을 맞이할 때 너에게도 물어보았지. 그때 네가 아빠와 엄마의 생각에 따라 줘서 얼마나 고마웠는지 몰라. 사랑아, 정말 정말 고마워. 사랑아, 네 동생 겨레랑 가람이는 아직 아기들이잖아. 앞으로도 동생들이 어려서 널 괴롭히거나 때려도 좀 이해해 주고 사랑해 주면 좋겠어. 아빤 네가 동생들을 잘 돌봐 주는 모습을 보면 얼마나 기쁜지 몰라.

사랑아, 넌 아빠와 엄마의 소중한 딸이야. 네가 이름처럼 서로 사랑하는 마음이 첫째이기 때문이야. 지금까지 동생들 잘 돌봐 주고, 아빠와 엄마를 잘 도와줘서 고마워. 너는 정말 아빠랑 엄마에게 최고의 딸이야. 앞으로도 조금 더 동생들을 첫째답게 돌봐 주기를 바래. 아빤 널 정말 사랑해.

사랑하는 딸에게 편지를 쓰다 보니까 아빠 맘이 따뜻해지면서 저절로 힘이 나는 것 같아. 네가 아빠 딸이란 게 정말 고맙고 자랑스러워. 늘 지금처럼 건강하게 사랑하며 자라 주기를 바래.

2010년 6월 5일
고운 딸을 생각하며 사랑하는 아빠가

달에게서 배우는 아빠

며칠 전 사랑이에게 두 번째 편지를 보냈습니다. 제 딴엔 불현듯 편지를 쓰고 싶은 강렬한 의욕과 열정에 순식간에 써 내려간 것이었고, 이를 조금이라도 빨리 사랑이에게 전하고 싶어서 우체국까지 뛰다시피 가서는 우표를 붙여서 우체통에 넣었습니다. 이게 참~ 제가 학교에서 편지를 쓰고 바로 옆 사랑이가 다니는 어린이집에 전하면 곧바로 전해질 것을 우표 붙여서 받아 보면 좋을 것 같다는 생각에 그렇게 하느라고 멀리 우체국까지 가서 부쳤습니다. 제가 이렇게 한 이유는 시간 들이고, 돈 들이는 게 저에게는 하나의 기쁨이고 삶의 활력소가 되는 것 같아서였습니다. 이렇게 애를 썼지만 하필 어제가 선거 날로 휴일이라 제 편지는 무려 4일째 되어서야 사랑이에게 전해졌습니다.

어제 저는 집에 도착하자마자 사랑이를 찾았습니다. 제 딴엔 지난번처럼 사랑이가 환하게 웃으면서 반겨 주고 편지 받아서 좋다고 할 것으로 기대하였습니다. 그런데 뻗쳐오르던 제 기대감은 여지없이 무너져 내렸습니다. 집에 도착해 보니 사랑이는 좀 피곤했는지 곤히 잠들어 있었습니다. 저는 솔직히 사랑이를 깨워서라도 제 편지에 대한 반응을 전해 듣고 싶었지만 꾹 참을 수밖에요. 사랑이는 잘 때 깨우는 걸 엄청 싫어합니다. 그렇게 하면 짜증 충만하게 되니, 차라리 잠에서 깨어 상쾌한 기분일 때, 이야기 나눔이 훨씬 낫습니다. 하는 수 없이 저녁을 먹으면서 오늘 편지에 대해 아내에게 물었습니다.

잔뜩 기대하면서 듣고자 한 제 기대는 여지없이 좌절의 나락으로 곤두박질쳐야만 하였습니다. 아내의 말은 이러했습니다. 사랑이가 지난번과는 달리 그다지 반가워하지 않았다고 합니다. 첫 번째는 뜻밖이고 처음이라 신선해서 그런지 반가웠지만, 두 번째라 좀 식상할 거라고요. 그리고 하는 말이 정곡을 찔렀습니다. 이제 7살인 딸에게 보내는 편지로는 좀 어렵고 지루하다네요. 하기야 그림 하나 없이 글로만 많이 썼으니까요. 아내 말이 백 번 천 번 다 맞는 말 같았습니다. 그러고 보니 사랑이가 기분 좋게 읽게 하려는 글이 논문 한 편 쓰는 것보다도 어렵다는 생각이 들었습니다. 제 딴엔 정성 다해 쓴 건데요.

그래도 당사자인 사랑이에게서 직접 듣고 싶은 기대감으로 마지막 희망의 끈은 놓고 싶지 않았습니다. 그런데 사랑이는 계속 잠만 잤습니다. 한두 시간 지나서 조바심에 잠자는 사랑 공주님에게 물었습니다. 아주 조심스럽게…… "사랑아~ 오늘 아빠 편지 받았지. 아빠 편지 받으니까 좋아." 저는 처음에 객관식으로 물으려 하였습니다. 어렵지 않게 2지 선다형으로 "좋아?", "싫어?" 하고요. 그러고 보니 질문부터 아주 의도적으로 선택의 폭을 좁혔습니다. 아주 속 보이는 간사한 아비의 속셈이었습니다. 그리고 혹시라도 "싫다"고 "귀찮다"고 할까 봐 지레 제한시킨 자격지심이었습니다. 참~ 정성스레 편지 쓰고 더운데 우체국까지 가서 편지 부치고서는 제발 편지 기분 좋게 받아 달라고 사정하는 꼴이라니. 사랑하는 딸 앞에서 아비는 이런가 봅니다. 예전에 아내에게 편지 쓸 때도 이렇진 않았는데요.

잠든 사랑이는 잠결에 아비의 귀찮은 질문에 듣는 둥 마는 둥 그냥 고개만 끄덕였습니다. 저는 재차 물어댔습니다. 그러니까 사랑이가 짜증을 부리면서 "몰라~" 하고 마는데 참 제 처지가 처량하기도 하고, 편지 반응을 구걸하는 것 같은 처량함과 좌절이 쓰나미처럼 엄습함을 느껴야만 하였습니다. 이제나 저제나 잠자는 공주님의 깨어남을 기다려야만 했습니다. 제가 뭐 백설공주에 나오는 멋진 왕자님이라면 뽀뽀해서 깨우겠는데 이건 뭐 미녀와 야수 격이 된 처지라서 그랬다간 또 짜증 섞인 한 소리를 듣고 말 것만 같았습니다. 저는 참~ 오늘따라 사랑이가 크게 보이고 저는 작고 초라한 사람이 되어 버렸습니다. 성격 급한 이 아비가 아무리 기다리고 기다려도 잠에 취한 공주님은 깨어날 줄을 몰랐습니다. 설마 누군가가 와서는 수면제가 든 사과를 먹이고 간 건 아닐 텐데요.

설상가상인가요. 옆에서 겨레도 감기기운으로 더 짜증을 부리면서 안아 달라고 성화를 부려댑니다. 하는 수 없이 겨레가 좋아하는 성가 콘서트를 보여 주니까 제 흥에 겨워 박수도 치고, 다리를 오므렸다가 폈다가 하면서 좋아했습니다. 그러더니 기분 좋은지 자기가 무슨 성악가라고, 말도 잘 못하면서 제 딴엔 뭐라고 해 가면서 성가에 대한 평을 해댔습니다. 저는 못 알아들으면서도 "응~, 응~" 하면서 맞장구를 쳐 주었습니다. 아비의 연기에 깜빡 속아 넘어가는 순진무구한 아들을 보니 미안하기도 하고 다행이다 싶기도 하였습니다. 제가 반응을 보여 주니 좋은지 이제는 자기가 성가를 불러댔습니다. 배에 힘을 주고 목을 빼고는 그럴싸하게 부르는데 참~ 발음도 부정확한 이제 19개월째 접어드는 겨레가 꼭 성악가의 폼 그대로였습니다. 문득 보고 듣고 접하는 게 엄청 중요한 교육임을 실감하였습니다. 틈만나면 수시로 성가와 CCM과 클래식을 들려 주니까 이런 것에 익숙한가 봅니다.

겨레는 아주 음악을 좋아합니다. 노래만 나오면 박수를 치고 몸을 흔들면서 좋아합니다. 음악의 갈래도 가리질 않습니다. 좀 경쾌한 곡을 좋아하는 걸 보면 대중음악가가 되거나 이를 즐기는 취미는 가질 것도 같습니다. 이다음에 겨레가 원하면 피아노, 기타, 플루트, 바이올린 같은 악기를 시켜 봐도 될 것 같습니다. 제 경제적인 여건상 가능할지는 모르지만요. 제가 악기 하나 다룰 줄 모르고, 노래를 못 부르니, 늘 마음에 이런 사람들이 부러웠습니다.

다행히 아내는 피아노와 플루트를 조금 연주할 줄 알고, 예전엔 '구세군노래선교단'으로 활동하였습니다. 제 아이들이 이 아비 말고 어미를 닮아 좀 예술적인 심성으로 삶의 여유를 갖고 낭만을 즐기며 살기를 바랍니다. 그래서 이담에 멋지게 음악으로, 미술로 자신의 매력을 뽐내며 즐기면서 살기를 바랍니다. 가끔 이 아비에게도 멋진 음악을 전해 주면 얼마나 좋을까 하는 생각도 해 보았습니다.

이렇게 저렇게 겨레랑 시간을 보내면서도 이제나저제나 사랑이가 깨기만을 기다리는데 오늘 아주 잠에 취해서 일어날 줄 몰랐습니다. 아내가 연습 마치고 온 게 9시 30분이었습니다. 잠자는 사랑 공주님은 끝내 깨어나지를 않았습니다. 하는 수 없이 오늘은 포기하고 말았습니다. 저는 그저 제가 보낸 편지에 그냥 잘 받았다는 그 말 한마디를 듣고 싶은 건데 이게 참 어렵네요.

다음 날 아침 사랑이가 저와 같이 어린이집에 가고 싶다고 하여 같이 동행하게 되었습니다. 내친 김에 저는 아주 정성을 다해서 사랑을 담아서 물었습니다. "사랑아, 아빠 편지 어땠어? 아빠가 사랑이를 사랑해서 열심히 쓴 건데……." 저의 간절한 질문에 사랑이 말이 저를 일깨워 주었습니다. 역시 자기표현이 분명한 제 딸입니다. "응, 아빠가 편지 보내 주니까 좋아. 그런데 나는 아빠한테 편지 보내면서 그림도 그려 주고 연필로 쓴 건데 아빠는 글씨도 안 예쁘고 글씨가 많았어. 그림도 하나도 없고. 그리고 나 어제 바빴어. 아주 졸려서 편지 보는 것도 힘들었어."

저는 이제야 궁금증이 풀렸습니다. 그러고 보니 저는 사랑이보다 편지를 못 쓴 것입니다. 제 입장에서, 제 식대로 쓰고야 만 것입니다. 그러고도 잘 쓴 줄 착각하고는 벅찬 기대감에 빠져들었으니……. 사랑이 말이 다 맞았습니다. 그리고 내용을 보니 겨레를 잘 돌봐주라는 내용으로 꼭 설교하듯 한 것이었습니다. 글씨도 손으로 정성 다해 쓴 게 아니고 컴퓨터로, 그것도 흔한 신명조체로 하여 보냈으니 7살 사랑이가 읽는 데 그다지 편하지 않았을 것입니다. 그러고 보니 접촉점을 맞추려 하지 않은 제 불찰이 컸습니다. 제 만엔 정성과 사랑을 담아 보냈지만 어디까지나 제 입장이었고, 사랑이 입장을 고려하지 않은 것이었습니다. 사랑함에도 지혜가 필요함을 새삼 느꼈습니다.

문득 이런 생각도 들었습니다. 저는 사랑이와 자주 걷곤 합니다. 제가 섬기는 학교에도 자주 데리고 옵니다. 그러면 많은 교직원 분들이 건강하게 잘 자랐다고 덕담도 하시고, 안아도 주십니다. 저희 사랑이는 920그램이라는 초극저체중 조산아(미숙아)로 태어나서 98일간 신생아중환자실의 고난을 이겨낸 자랑스러운 딸입니다. 그런데 사랑이가 한 3~4살 때인가로 기억납니다. 그날도 사랑이를 데리고 교무실, 행정실로 인사를 시켰습니다. 저는 사랑이를 예뻐해 주시는 교직원 분들의 모습을 지켜본 적이 있습니다. 가만히 보니 많은 분들이 사랑이가 예쁘다고 번쩍 안아 주시곤 하였습니다. 어른은 아이가 귀여워서 가까이 보시려고 안아 주시는 것이나 정작 사랑이는 어른 키에 매달려 불편해 보였습니다. 아비로서 빤히 보면서도 뭐라고 말씀드리기도 뭐한 상황이었습니다. 예의상 사랑이나 저는 참아야만 했습니다.

그런데 곽현영 행정실장님은 달랐습니다. 사랑이를 보시자마자 자신의 자세를 낮추셔서 앉은 자세로 사랑이에게 웃으시면서 이야기를 하셨습니다. 그러니 사랑이는 편한 자세이지만, 실장님은 쪼그리신 불편한 자세셨습니다. 별거 아닌 듯하나 '이게 바로 눈높이를 맞추는 것이구나.' 하는 생각이 들었습니다. 아이를 내게 맞추는 게 아니라 내가 아이에게 맞출 때 비로소 이야기를 나눌 수 있고 사랑 사귐이 가능한 것을요.

사랑이에게 편지 쓸 때, 아빠가 그림은 못 그리지만 글씨체는 예쁘게 해서 보내겠다고 약속했습니다. 우리 사랑이가 이번에도 답장을 주면 좋으련만 이 아비의 0점짜리 편지에 답장을 주려나 모르겠습니다.

아비를 안 닮고 엄마를 닮아서 좋아요

오늘 2부 예배 시간에 사랑이네 영아유치부가 대회 나가서 1등 했다고 율동을 선보인다고 하였습니다. 그런데 아쉽게도 저는 그 시간에 아동부 목사로서 예배 참석하고 설교를 해야만 하기에 볼 수가 없었습니다. 연습할 때는 방해될까 봐 애써 보고 싶은 마음을 감추느라 못 보고, 대회 나갈 때도 사랑이 스스로 나가는 담대함을 길러 주고 부모님 안 따라오는 아이들을 생각해서 안 따라가다 보니 못 보고 말았습니다. 그런데 이제 교회에서 어른들 앞에서 멋지게 율동을 하는 사랑이를 보게 되었는데 또 시간이 엇갈리고 말았습니다. 이것이 어쩌면 아비인 제가 목사이고, 사랑이는 목사의 딸이기에 감내해야 하는 아픔인가 봅니다.

2부 예배가 끝나고 아동부 예배도 끝나고 나서 교회에서 식사를 하려는데 만나는 분들마다 제게 덕담을 하셨습니다. "목사님~ 어쩌면 그렇게 사랑이가 율동을 잘해요? 사모님 닮았나 봐요." "목사님, 따님 보는 재미에 행복하시죠?" "사랑이 최고예요." 이거 참~ 이런 인사에 그저 멋쩍게 살짝 웃을 수밖에요. 정작 저는 단 한 번도 사랑이가 율동하는 걸 본 적이 없으니까요. 뭘 보았어야 남들처럼 이렇다,

저렇다 말할 수 있을 텐데, 이 어설픈 아비는 그저 미안할 뿐입니다.

오늘 저녁 늦게 잠이 안 와서 이리저리 뒹굴면서 그동안 못 본 박완서 님의 수필집 『어른 노릇 사람노릇』을 펼쳐 읽으면서 그 맑은 글샘과 세상 바라보는 고운 시선에 마음이 맑아지는 듯하여 좋았습니다. 혹시나 하여 문득 교회 홈페이지에 들어가 보니 감사하게도 교회 행사 동영상이 올려져 있었습니다. 그러니까 사랑이가 교회에서 친구들하고 율동을 한 지 꼭 12시간 이후에서야 이 아비는 동영상으로나마 보게 된 것이었습니다. 떨리는 가슴을 진정시키고는 따뜻한 차 한 잔을 음미하면서 클릭을 하였습니다.

곱게 차려입고 친구들과 음악에 맞춰 율동을 하는 사랑이의 손짓 하나하나 발짓 하나하나가 어찌나 예쁘던지요. '저렇게 예쁘고 귀여운 아이가 정말 내 딸이란 말인가.' 하는 생각에 온몸이 따뜻해짐을 느꼈습니다. 오늘따라 한잔의 차가 온몸에서 혈액을 타고 흐르는 듯 경쾌한 기분에 젖어들었습니다. 이 행복감, 이 뿌듯함……. 미소 띤 얼굴로 보고 또 보았습니다. 어쩌면 이렇게 잘하는지요. 오늘 교회 분들이 보고 해 주신 말씀 그대로 참 잘했습니다. 저도 제 자식 예뻐하는 고슴도치인가 봅니다. 여럿이 함께 어우러져서 만들어 낸 작품인데 목사이지만 제 딸에게 온 시선을 빼앗기고 말았습니다. 제 딸이 시선 처리나 동작 하나하나에 정성이 들어가 있는 듯하고, 표정관리 또한 일품인 게 제일이다 싶었습니다.

그러고 보니 제 아내가 교회 주사랑 워십팀으로 참여하는 게 생각 났습니다. 아내는 교회의 여러 행사마다 무대에 서서 아름다운 자태를 자랑하며 몸찬양을 합니다. 저는 고운 선율에 맞춰 동작 하나하나가 기도가 되고 찬양이 되는 워십에 그만 넋 나간 사람처럼 보곤 합니다. 사실 아내에겐 잘 표현 안 하지만 제 아내는 참 예쁘게 워십의 몸짓을 합니다. 마치 무대체질인 양 아주 잘 해냅니다. 저는 떨려서도 잘 못할 것 같은데요. 그런데 오늘 보니 사랑이가 꼭 엄마를 닮은 것 같았습니다. 동작 하나하나가 정성 어린 기도 같고 찬양 같았습니다. 아마도 엄마를 닮고, 엄마가 하는 워십을 보고 자랐기 때문일 것입니다. 이 아비는 영~ 노래와 춤과 그림에 재능이 없고 무대공포증도 있는데 사랑이는 이를 모두 잘합니다. 자신이 하고 싶어 하니 더 잘하는 듯합니다. 무대에 서는 것도 좋아하고요. 그러면서 상 받는 것에 그다지 집착하거나 갈망하지 않기에 더 좋습니다. 사랑이는 마음이 건강한 아이인 듯합니다. 이번에도 보니 율동 연습하는 과정 속에서 즐거워하고 무대에 서는 것을 기대하곤 하였습니다. 혼자 한 성구암송도 좋았지만 여럿이 함께하는 율동이 더 좋아 보였습니다. 이번 대회에서 사랑이는 제 딸답지 않게 성구암송으로 1등 하고 단체로 하는 율동으로 또 1등을 하였습니다.

그런데 저희 집은 참 별납니다. 그 상장이란 게 어디로 갔는지 저나 사랑이는 보지도 못했습니다. 아마 어느 날엔가 아내가 잘 보이는 곳에 걸어 두거나 어딘가에 잘 보관하겠지만 그런 것엔 크게 마음 두진 않습니다. 저녁엔 아버지가 전화하셔서 사랑이와 통화하시는데, 사랑이에게서 상 받은 걸 들으시고는 아주 좋아하셨습니다. 멀리서나마 사랑이가 잘 해냄이 대견하신 듯, 사랑이와 전화하는 아버지의 웃음소리가 제게도 들려오는 듯하였습니다. 가족의 소중함, 자식의 잘함이 이토록 아비에게 큰 기쁨과 행복감을 주는 것 같습니다.

저는 동영상을 여러 번 보고 나서 잠든 사랑이 볼에 뽀뽀를 해 주고는 가만히 머릿결을 쓰다듬어 주고는 축복의 기도를 해 주었습니다. 제 가슴속에는 고운 꽃잎이 아롱지는 듯 저절로 즐거워졌습니다.

'사랑한다 내 딸 사랑아.'

열심히 한 어린이 다 상 받으면 좋겠어

오늘 아침 사랑이가 교회학교 연합회 어린이대회에 성구암송과 율동으로 참여하게 되었습니다. 며칠 동안 매일같이 유치부와 집에서 성구를 외우고 율동연습 하는데 어찌나 그 모습이 귀엽고 예쁘던지요. 저 아이가 정말 제 딸인가 싶을 정도였습니다. 이제 나이 7살인데 말도 어렵고 내용 이해도 어려운 긴 성경구절을 또박또박 외우는 모습에 이 아빠는 행복에 젖어들곤 하였습니다.

이제 드디어 그동안 연습한 걸 보여 주는 날입니다. 아내는 사랑이에게 "오늘 상 못 받아도 좋으니까 마음 편하게 하고 와." 하고 말해 주었습니다. 그러고는 살짝 저에게는 "솔직히 상 받으면 더 좋지만……" 합니다. 저는 두 여인의 대화를 바라보는 것만으로도 즐거웠습니다. 하기야 오늘 사랑이만 하는 게 아닐지 모릅니다. 그동안 사랑이를 가르쳐 온 유치부 선생님과 아내의 애쓴 보람도 함께하는 것이지요. 그러고 보니 전 아무것도 한 게 없습니다. 사실 저는 사랑이가 어떤 구절을 외우는지, 어떤 율동을 하는지도 모릅니다. 참 무심한 아비였습니다. 그동안 저는 저 나름대로 바빴고, 사랑이는 사랑이 나름대로 바빴으니까요.

오늘 아침 사랑이 손을 잡고 교회에 데려다 주게 되었습니다. 사랑이는 제게 이런 말을 합니다. "아빠, 엄마가 나 상 안 받아도 된대…… 그냥 열심히만 하면 된대…… 엄마 말이 맞지?" 이렇게 말하는 사랑이에게 제가 뭐 할 말이 있을까요? "그럼, 당연하지. 엄마 말이 맞아. 사랑아, 상 받는 건 중요하지 않아. 그저 네가 하고 싶은 거 열심히 하면 되는 거야. 너 그동안 열심히 했지? 오늘 그냥 편하게 하고 오면 되는 거야. 사랑아! 다른 친구들 상 받으면 박수 잘 쳐 주고, 못 받은 친구들에게도 잘했다고 얘기해 줘야 돼. 알았지." 아무 도움도 못 준 아빠가 참, 말은 잘합니다.

사랑이는 웃으면서 제게 이렇게 말해 줍니다. "알아, 당연하지. 내가 그걸 모를까 봐. 오늘 오는 친구들 다 상 받으면 좋겠다. 다 열심히 했으니까." 저는 좀 놀랐습니다. 사랑이 말대로 하면 모두가 상 받으니 상의 가치와 위상이 떨어질지 모르지만 사랑이 말이 맞다고 생각합니다. 꼭 등수를 매겨서 사람의 능력을 나누고, 서열을 나누는 것이 과연 옳은 것인가 하는 생각이 듭니다. 치열한 경쟁과 서열 나눔을 어려서부터 교회가 앞장서서 가르치는 듯해서 왠지 씁쓸한 생각이 듭니다. 하기야 주최 측에서 그렇게 하는지는 잘 모르겠지만요. 그저 저 같으면 다 잘하면 다 상 주는 쪽으로 할 것 같습니다. 나만 상 받고 남은 못 받아야 즐겁고 신난다면 이건 하나님의 나라가 아닌 듯합니다.

오늘도 저희 부부는 사랑이를 교회까지만 데려다 주고는 돌아왔습니다. 대개의 부모님들은 어린아이가 대회에 나가니 따라가서 격려하고 함께 있어 줌이 옳을 것이라고 생각하실 것입니다만 저흰 나름의 생각이 좀 있습니다. 저나 제 아내가 바쁘거나 사랑이를 덜 사랑함은 결코 아닙니다. 그저 사랑이가 조금은 당당하게 자신에게 주어진 것을 해 나가는 당찬 아이가 되기를 바라는 마음입니다. 이제는 사랑이도 부모에 뜻에 잘 따라 주어 엄마와 아빠더러 같이 가자고 하지 않습니다.

또 하나의 이유는 부모님이 교회 다니지 않는 아이들은 혼자 오기에 사랑이가 그 아이들과 같이하기를 바람입니다. 적어도 제가 목사인데 저희 부부가 제 자식이라고 사랑이만 챙기고 남의 아이들은 덜 사랑하는 모습을 보인다면 다른 아이들에게 덕스럽지 못할 것 같아서입니다. 이건 부모의 사랑을 듬뿍 받으며 대회에 나가는 사랑이에게 좋지 않을 듯합니다. 이런 부모의 사랑을 당연시한다면 사랑이도 함께 살아가는 지혜와 나눔의 사람이 되기 어렵기 때문입니다. 감사하게도 사랑이가 5살 때부터 대회 같은 데 나가면 으레 저 혼자 가 버릇해서 큰 무대에 서는 데도 당당합니다. 그리고 오고 가며 자기처럼 부모님 없이 온 아이들과 잘 놀고, 상을 받으면 좋지만 안 받아도 그것에 마음을 빼앗기지는 않습니다. 다른 친구 상 받으면 자기가 받은 것처럼 기뻐하고 힘차게 박수 쳐 주는 사랑이, 부모의 좀 삐딱한 양육을 이해하고 따라와 주는, 아니, 더 나은 사랑이가 얼마나 예쁘고 자랑스러운지요.

오늘 사랑이가 집에 돌아오면 수상에 대한 건 안 물어볼 것입니다. 사랑이도 이를 첫마디로 하지는 않을 것입니다. 그저 오늘 즐거운 추억이 되기를 바랍니다. 굳이 수상 소식은 가능하면 사랑이 말대로 열심히 한 모두에게 '잘했다 상'으로 '잘해라 상'으로 모두가 기뻐하기를 바랄 뿐입니다.

우리 모두 상 받아서 좋고, 박수도 쳐줬어

에고~ 피곤에 지쳐서 점심 먹고는 겨레와 조금 놀아 주다가 침대에 고꾸라지듯 누워 잠에 취해 버렸습니다. 한참 단잠에 취해 있는데 잠결에 반가운 목소리가 들려왔습니다. 경쾌한 발자국 소리와 청아한 목소리! 이건 분명 사랑하는 딸 사랑이가 온 것이었습니다. 반갑게 맞이해야 하는데 눈꺼풀이 천 근 만 근이라 일어나질 못하고 말았습니다. 사랑이는 제게 달려와서는 저를 깨워댔습니다. "으이그~ 잠꾸러기 아빠! 잠은 저녁에 자야지, 나 왔어." 그런데도 아빠는 쪼그린 자세로 일어나지를 못하고는 "미안, 사랑아! 아빠 졸려. 좀 더 자고 일어날게." 하였습니다.

사랑이는 피곤에 지친 이 아빠가 안쓰러웠는지 더 이상 깨우지는 않고 그저 복음(福音)만 전해 주었습니다. "아빠, 나랑 친구들이랑 모두 1등 했어. 나 혼자서 한 성구암송은 하나도 안 틀리고 잘해서 1등 하고, 친구들이랑 같이한 율동도 1등 했어. 그래서 상장도 받고 가방도 받고, 필통도 받았어. 아빠, 잘했지?" 신나게 소식을 전하는 사랑이에게 이 아빠는 환하게 웃으면서 얼싸안고 축하해 줘야 하는데 그만 잠결에 좀 삐딱했습니다. "응, 아빠가 오늘 열심히만 하면 되고, 상

안 받아도 된다고 했잖아. 다른 친구들 상 받으면 박수 잘 쳐 주고. 아빠 상 별로인데……." 참 어이없지요. 자식이 그동안 열심히 해서는 개인상, 단체상 모두 1등을 해서 상장과 상품을 한 아름 안고 왔는데 아빠라는 사람이 잠에 취해서는 축하도 제대로 안 해 주고 이렇게 말했으니까요. 사실 따지고 보면 이 아빠가 한 것이라고는 가끔 연습하는 데 데려다 준 것 몇 번이 다입니다. 그래 놓고는 자랑스러운 딸에게 축하, 칭찬, 격려의 말을 안 하고는 핀잔 아닌 핀잔을 주는 듯하였습니다. 이 아빠가 무슨 상 받은 것을 다주 싫어하는 것도 아닌데요.

말하고 보니, 미안했습니다. 무심결에 저나 아내나 사랑이가 상 받는 것, 1등이란 것에 매몰되는 것 같아 아써 이를 단호히 거부하는 것이 지나쳤나 봅니다. 제 딴엔 사랑이가 상 못 받고 오면 위로하고 오히려 격려하려고 마음의 준비를 하였습니다. 저는 사랑이가 입상 정도 하거나 상 못 받을 줄 알았습니다. 워낙 해준 게 하나도 없는지라 그게 당연하다고 생각했는지도 모르고, 목사 딸이 상 받고 다른 사람 아이들 상 못 받는 것도 좀 싫었습니다. 제가 좀 별종이지요.

그런데 사랑이는 이 아비의 예상을 완전히 깨 버리고 말았습니다. 못난 아비에게서 어떻게 이런 당차고 또릿또릿한 딸이 나왔는지 신기합니다. 저의 말에 사랑이는 입술을 쑥 내밀고는 말했습니다. "아빠, 내가 열심히 해서 상 받은 거잖아. 우리 교회 친구들이랑 같이 열심히 해서 받은 것도 있잖아. 그리고 나, 다른 교회 친구들 상 받을 때 박수치고 축하해 줬어. 선생님들한테도 인사 잘했어." 이런 경우를 우문현답(愚問賢答)이라고 해야 하나요 좀 지나친 일등지상주의를 거부하는 이 아비의 교육관이 되레 딸의 열심과 열정의 결과마저 대수롭지 않은 것으로 치부하는데 정작 제 딸 사랑이는 화를 내거나 뾰

로통함이 없이 제 주장을 분명하게 펼쳤습니다.

가만히 생각하니 사랑이 말이 백 번 옳습니다. 못난 아빠의 엉성한 교육관을 묵살하지 않으면서도 자신의 생각을, 성과를 잘 드러냈습니다. 저는 사랑이의 말에 눈이 번쩍 뜨이는 듯 일어났습니다. 몸은 천 근 만 근인데 마음이 맑아지는 듯했습니다. 참으로 신기하였습니다. 어떻게 제게서 이런 딸이 나온 건지요. 청출어람(靑出於藍)이 청어람(靑於藍)이라고 해야 하나요. 영~ 아닌 아비보다 엄청나게 건강한 마음과 삶의 자세를 지닌 듯하여 대견하여 눈물이 날 지경이었습니다.

저는 사랑이를 꼭 안아 주고는 말했습니다. "잘했어. 아빠는 우리 사랑이가 자랑스러워. 아빠도 기분 좋아." 그러니까 또 사랑이가 아빠를 기쁘게 하는 말을 해 주었습니다. "아빠, 나도 알아. 아빠가 나를 얼마나 사랑하는지. 나도 아빠 진짜 진짜 사랑해. 아빠도 논문 쓰는 거, 공부하는 거, 오빠들 공부 가르쳐 주는 거 열심히 해야 돼. 우리 아빠는 뭐든 열심히 하잖아. 나도 아빠가 참 좋아. 엄마도, 겨레도. 우리 가족은 다 열심히 하잖아." 문득 이런 생각이 듭니다. 교육이란 게 말이 아니라 보여 주기인가 봅니다. 저희 집은 몇 해 전부터 TV와 신문을 안 봅니다. 대신에 가능하면 가족끼리 이야기하고 집 뒤편의 논길을 거니는 산책을 즐겨 합니다. 그리고 저는 제 공부와 논문과 수필 쓰기와 학교 아이들 수행평가와 설교 준비 등을 하고 아내는 자신이 만든 요리로 아이들 먹이고, 이제 만 1살인 겨레 뒤치닥거리로 늘 바쁩니다. 그러면서 사이버 학점은행제로 보육교사 자격증도 취득하고 학사학위도 취득하는 과정을 밟습니다. 그러니 저희 부부는 사랑이에게 온전한 정성으로 대하지 못했습니다.

지난해 초, 겨레를 입양할 때 사랑이에게 아무래도 동생이 생기면 사랑이에게 정성을 덜 쏟게 되고, 피아노 그 흔한 학원에도 못 보낼지 모른다는 제 말에 "그래도 좋다."고 동생이 생기는 걸 허락해 주었습니다. 그러다 보니 사랑이가 간절히 원하는 피아노 학원조차 보내지 못하고, 사교육을 전혀 시키지 못하고, 좋아하는 책도 제대로 사주지 못합니다. 그런데도 사랑이는 불평 하나 없이 아빠와 엄마를 잘 이해하고, 잘 도와줍니다. 제 스스로 그림도 그리고 글씨 연습도 하고, 때로는 동생 겨레도 잘 봐줍니다. 어느 땐 너무 어른스러워 이게 좋은 건가 싶을 정도입니다. 사랑이는 아빠와 엄마가 나름대로 자기 일을 열심히 하는 걸 보고 배우는 듯도 합니다. 상 받으려고, 남이 알아주니까, 돈 벌려고 해서가 아니라 그저 자기가 하고 싶은 일을 스스로 선택해서 최선을 다함이 좋은 것임을 보고 배우는 듯합니다.

저희 집엔 TV나 신문은 없어도 책이 꽤 많은 편이고, 아내가 음악과 미술을 좋아하다 보니 음악이 들려지고 미술적인 것들이 집안 곳곳에 있습니다. 눈에 보이고, 들리는 것이 익숙해짐인지 사랑이와 겨레도 책과 음악과 미술을 좋아합니다. 사랑이는 글씨를 모를 때도 제가 보는 어려운 전공 서적을 가지고 놀고 음악을 즐겨 들었습니다. 아내가 연주하는 플루트도 듣고, 엄마랑 피오피도 같이 하고, 요리도 같이 하였습니다. 요즘 보니 겨레도 책 보고 음악 듣는 걸 좋아하는가 봅니다.

겨레도 저랑 가족끼리 산책 가는 걸 참 좋아합니다. 저희 겨레는 누나가 갖고 노는 인형을 좋아합니다. 저희 집엔 총이나 칼, 탱크나 전투기 같은 장난감은 없습니다. 그러다 보니 겨레는 남자아기인데 인형을 갖고 놀고, 누나의 핀이나 머리띠를 갖고, 놀고, 아빠가 보는 어려운 전공 서적을 갖고 놉니다. 아무것도 모르면서 클래식과 성악

을 들으면서 박수를 칩니다. 저와 아내가 아이들을 잘 교육하는 건지
는 모르겠지만 적어도 남에게 피해를 주거나 지나치게 경쟁으로 치
닫는 마음이나 공격적인 성향으로 키우진 않을 듯합니다. 세상에서
유명인사가 되거나 화려한 사람이 안 되도 좋습니다. 저희 부부는 그
런 건 바라지 않습니다. 뭐, 그런 재능과 능력이 있다면 이를 극구 말
릴 생각은 없으나 열린 마음과 함께하는 마음으로 세상을 살아가는
걸 더 소망할 뿐입니다. 우리 사랑이가 하나님의 딸답게 고운 마음으
로 살아가기를 바랄 뿐입니다.

유치와 영구치

오늘 퇴근하고 나서 사랑이를 데리고 치과에 가 달라는 아내의 말을 들었습니다. 지난 번처럼 유치가 아직 빠지지도 않았는데 그 뒤로 영구치가 나오기 시작하였다고 합니다. 사랑이는 두 달 전에도 그런 경우가 생겨 인근 치과에 가서 유치를 빼고 영구치를 수시로 혀로 밀어 주라는 말을 듣고 왔습니다. 이번에도 같은 경우라 아내와 저는 별스럽게 생각하지 않고 사랑이를 치과에 데리고 가는데 좀 한가한 제가 사랑이를 데리고 가기로 하였습니다.

그런데 사랑이는 읽던 책에 빠졌는지 서둘지를 않습니다. 치과가 문닫을 시간을 감안하면 좀 서둘러야 하는데도요. 아내와 저는 좀 달달을 해 가면서 빨리 다녀와서 밥 먹자고 하였습니다. 그래도 사랑이는 보던 책을 다 보아야 한다면서 한사로 미루려고만 하였습니다. 언뜻 보면 책에 빠진 딸이 대견하지만 실상은 그게 아니었습니다. 몇 번 빨리 가야 한다고 다그치니 그제야 사랑이는 실토를 하였습니다. 사실은 치과 가기가 무섭다고요. 참~ 그러고 보니 아이들은 치과를 참 무서워합니다. 아니, 이건 우리 어른들도 마찬가지지요. 무서운 주사가 떠오르고 드릴 같은 소리가 떠오르니까요.

아내는 사랑이에게 잘 다녀오면 네가 좋아하는 것을 사 준다고 어르고 달랬습니다. 저는 치과 다녀와야 밥 먹고, 아빠가 학교 일이 있어서 시간이 없다고 반협박을 해댔습니다. 우리 공주님은 이제 사면 초가……. 더 이상 버틸 힘이 없습니다. 이제는 더 버티면 그나마 엄마가 제시한 맛난 간식도 못 받고 아빠인 제게 잔소리만 듣게 될 것이 뻔하였지요.

사랑이는 할 수 없이 저와 손잡고 인근 치과에 갔습니다. 집에서 치과까지 걸어서 2분도 안 걸리는데 사랑이는 미적거리며 시간을 자꾸 지체하였습니다. 괜히 저더러 목마를 태워 달라느니, 길가에 핀 민들레가 예쁘니 보고 가자느니, 지나가는 사람들을 가리키며 옷이 예쁘다는 둥 해댔습니다. 저는 그 이유를 잘 알기에 야단하지 않고 좀 천천히 가도록 여유를 갖고 사랑이 작전에 속아 주었습니다. 그러다 보니 2분 거리가 15분이나 걸렸습니다. 이제 더 이상은 시간을 지체할 수가 없었나 봅니다. 이제 더 이상 시간을 때울 거리가 없었지요.

드!디!어! 치과 앞에 도착하였습니다. 그제야 사랑이는 치과 안 가면 안 되냐고 하면서 떼를 쓰고 울기 시작했습니다. "무섭다"고요. 제게 폭 안겨서 떨어지지 않으려고 안간힘을 썼습니다. 이럴 땐 다 받아줄 수만은 없는 게 아비의 노릇인가요? "사랑아, 괜찮을 거야. 마취할 때만 잠깐 아프고 괜찮아. 전에도 해 본 거잖아. 넌 태어날 때 병원에서 주사 맞고 치료받는 거 다 잘 견뎌냈는데 뭐가 무서워. 우리 사랑이 잘할 거야. 아빠가 옆에 있잖아." 제 말에 눈물을 글썽이던 사랑이가 조금은 위로를 얻고 힘을 얻었는지 다행히 치과에 들어갔습니다.

치과에 가니 마침 기다리는 환자가 없어 사랑이는 바로 진료에 들어갔습니다. 사랑이는 의사 선생님을 보자마자 자지러지게 울어댔습니다. 눈물을 글썽이며 울면서 제 품에 안기는데 저도 마음이 찡했습니다. 어린 것이 얼마나 무서우면 이럴까 싶었습니다. 제가 대신할 수도 없으니…… 또 사랑이를 위로하고 격려하고는 의사 선생님께 사랑이를 인계하였습니다. 의사선생님은 지난 번과 같다면서 마취하고 유치를 빼내면 아무 문제 없다고 하셨습니다. 아! 사랑이는 혹시나 괜찮다는 말을 기대한 모양인지 또 울기 시작하였습니다. 이거 오늘 사랑이는 울보공주입니다. 다행히 다른 환자들이 아무도 없기에 망정이지 사랑이는 울보공주로 유명해질 뻔하였습니다. 저는 하는 수 없이 치과 진료 의자에 앉히고는 사랑이를 위로하면서 말했습니다. "사랑아, 마취주사 놓을 때, 잠깐 아픈 것뿐이니 참자. 아빠가 옆에 있어 줄게." 이렇게 해서 엉엉 울면서 사랑이는 마취주사를 맞았습니다. 그 시간이라고 해 봐야 5초나 되었을까요. 맞기 전부터 맞는 순간에 자지러지게 울던 사랑이는 맞고 나니 울음을 그칩니다. 그도 그럴 것이 사랑이는 지난번 경험대로 마취주사를 맞았으니 이를 빼는 것이 전혀 아프지 않음을 잘 압니다. 이렇게 순조롭게 유치를 빼고 전에처럼 영구치를 수시로 혀로 밀어 주면 된다는 말씀을 듣고는 나왔습니다.

드디어 사랑이 치과 다녀오기가 끝났습니다. 사랑이와 저는 신이 나서 치과 밖으로 나왔습니다. 저는 빨리 집에 가서 저녁 먹고 학교에 가려는데 사랑이는 그게 아니었습니다. 약속대로 치과 다녀왔으니 상으로 자기가 좋아하는 간식을 사 줘야 한다는 것입니다. 아뿔싸! 전 그걸 까맣게 잊었던 것입니다. 역시 우리 사랑이는 기억공주입니다. 저는 약속대로 인근 슈퍼에 들러 사랑이가 좋아하는 걸 사 주었습니다. 저는 뭐 비싼 걸 살 줄 알고는 카드를 만지작거렸습니다. 그런데 정작 사랑이가 고른 것은 기껏 1,000원짜리 초코송이 과자였습니다. 카드로 계산하기엔 좀 뭐한 액수라 현금 1,000원을 지불하고 나왔습니다.

저는 사랑이에게 물었습니다. "사랑아! 너 왜 그거 골랐어? 더 맛있는 거, 더 큰 거, 비싼 거 골라도 되는데……." 이 아비의 질문에 사랑이는 우문현답을 하였습니다. "응, 그거~ 아빠가 치과에서 돈 쓰고 이제 우리 집에 겨레 동생도 오는데 돈 아껴야지. 그리고 난 이거 먹고 싶었어. 초콜릿이나 사탕 이런 거 많이 먹으면 또 치과에 가야 하잖아." 참~ 이거 너무 똑똑한 거 아닌가요? 이제 7살 딸의 생각이 또렷함에 놀라고 가난한 이 아비가 그렇게 만든 것 같아 미안하기도 하였습니다.

저는 오늘 여러 생각을 해 보았습니다. 우리는 어떤 일을 이미 예상하고, 경험해 본 것인데도 주저하고 두려워합니다. 어차피 할 일이라면 빠를수록 해 버림이 나은데 사랑이는 미루고 미뤘습니다. 이게 우리네 마음일 것입니다. 문제를 회피한다고 해결되는 게 아닌데도요. 어른인 저도 참 그렇습니다. 어떤 과제나 일에 자신감 있게 미리 준비하여 대응하면 될 일을 피하려고만 듭니다. 피할 수 없음을 잘 알면서도요.

'유치와 영구치' 이 둘은 공존할 수 없다는 것을 처음 알았습니다. 저는 그런 경험이나 그런 경우를 본 적도 들어 본 적도 없었습니다. 이 둘이 한자리에서 공존할 수는 없습니다. 물러날 때는 물러나야만 합니다. 그래야 새로운 것이 자리를 잡습니다. 물러나지 않으려고 기를 쓰고 버티고 있으면 새로운 것에 피해를 줍니다. 아니, 온몸(공동체)에 피해를 줍니다. 결국에는 물러나야 하는 것을 물러나지 않아 문제가 생기니 강제로 빼내 버리게 되었습니다.

이게 사람 사는 세상에도 그대로 적용될 듯합니다. 지난번 우리 기독교 대형교단의 총회에서 목사님들과 장로님들을 지칭하는 항존직의 정년을 현행 70세에서 75세로 늘리자는 안건이 상정되었습니다. 저는 어이가 없어서 이 교단 기관지에 어느 목사님이 정년제는 성경적이지 않다고 주장하신 글에 '박수 칠 때 떠나는 아름다움'이라는 글로 반대 의견을 피력했습니다. 참~ 지금 우리가 사는 세상은 청년 실업이 극심하고 직장마다 '사오정'이니 '오륙도'니 하는 신조어가 나올 정도로 극심한 경제난과 정년제가 흔들리는데 이를 무시해도 너무한다 싶었습니다.

일반 직장은 정년 50을 넘기는 것도 어렵다고들 하고, 공무원도 길어야 60세, 교사가 62세, 교수가 65세인데 목사와 교회 중직자는 70세입니다. 제가 알기로 우리 사회에서 가장 정년이 긴 경우가 바로 목사의 정년입니다. 세금도 면제이고, 교회마다 전임목회자에게 사택을 제공합니다. 그런데 욕심이 지나침도 너무 하는 거 아닌가 싶었습니다. 유지요, 몇 년 사이 대형교회 목사님들이 정년이 가까우니 좀 아쉽고 더 목회하고 싶다는 이야기도 들었습니다. 그래서 그런가요. 아무리 생각해도 성경을 인용하면서 70세 정년은 문제가 있으니 늘려야 한다느니, 아예 정년을 없애자는 주장은 말도 안 되는 '어불성설'이라고 봅니다. 걱정되는 것은 총회에 모이는 회원의 자격이 바로 목사와 장로로 항존직입니다. 그러니 이 정년연장의 상정안은 기득권을 쥔 이들이 마음만 모으면 통과될 수도 있습니다.

하기야 저희 교사들 중에도 IMF를 맞아 교사 정년 65세에서 62세로 줄어든 것을 65세로 환원해야 한다고 주장하는 분들이 계십니다.

대개 50대 중후반의 샘들이십니다. 글쎄요, 저는 찬성하지 않습니다. 오히려 이 나이가 되면 여건만 허락한다면 후배들을 위해 명예 퇴직할 생각입니다. 사람 욕심이란 게 어린아이의 유치한 이 하나와 같은가 봅니다. 그것도 종교 지도자들이, 사람을 가르치는 일을 하는 분들이요. 나이 들면 더 성숙해지고 이타적으로 살아야 하는데 그렇지 않나 봅니다.

문득 저는 곱게 늙어갈 것을 다짐해 보았습니다. 물러날 때를 아는 예비 노인으로 살렵니다. 적어도 제 딸과 아이들에게 부끄럽지 않도록 살렵니다. 다행히 정년연장의 꿈을 꾸던 그 교단의 상정안은 부결되고 말았습니다. 이런 논의들이 하나의 해프닝이기를 바랍니다. 그때 제가 쓴 글을 다시금 보면서 참 잘했다 싶습니다. 바른말 한 것만 같은 뿌듯함에 스스로를 대견하게 여겨 보는 재미에 빠져 봅니다. 그때의 글샘을 드러내봅니다.

정년제, 박수 칠 때 떠나는 아름다움

전주 한마음교회 주건국 목사님의 글 '75세 정년 연장 교회가 원할 때까지가 바람직'이라는 제하의 글을 접했습니다. 제목부터가 눈길을 끌기에 충분했습니다. 삼가 저는 정년 연장이 대한예수교장로회(통합) 94회 총회(2009년 가을)에 정식으로 상정된 민감한 사안으로 한 사람의 의견으로 그칠 수만은 없는 중대한 사안이기에 읽고 또 읽고 되새겨 보면서 이에 대한 의견을 피력하고자 합니다. 다양한 의견들이 공유되면서 보다 교단의 발전적이고, 미래지향적인 의견으로 모이기를 기대해 봅니다.

먼저 목사님의 옥고는 무거운 주제를 다루면서도 어렵지 않게 읽어 나가도록 하는 탁월한 문장력이 돋보였습니다. 특히 도입부에서 두 가지 대비되는 이야기를 통해 독자의 흥미를 이끌었고, 차분하게 하나하나 주장의 근거들과 발전적 대안도 제시하셨습니다. 정년 연장 문제를 흑백논리로 무조건 안 된다고 주장할 것이 아니라 탄력적으로 심도 있게 논의해야 할 것을 제시하면서 성경적 근거로 주장의 힘을 더하셨습니다.

그러나 이 논거는 가만히 살펴보면 다소 무리한 발상으로 보입니다. 모세와 바울을 비롯한 사도들에게는 정년이 없었고 미국교회도 정년이 없이 자기 건강이 허락하는 한 주의 일을 하는 것이라는 주장이 과연 논리적으로 타당한 것일까요. 아론이 83세에 부름 받아 그의 아들 엘르아살에게 제사장을 물려 주기까지 평생 제사장의 직무를 감당했다는 언급은 마치 목사에게는 정년도 없고 세습도 성경적이라는 식의 주장으로 비춰질 우려가 있습니다. 모세와 사도들의 시대는 오늘 우리의 시대와는 다른 상황적 이해가 필요하다고 봅니다. 그 당시는 그야말로 하나님의 역사하심에 의한 특별한 시기로 오늘 우리의 시대에 그대로 대입하기에는 여러 가지로 생각해 볼 여지가 많습니다.

마찬가지로 오늘 우리 시대는 어떠한지 한번 생각해 보아야 합니다. 수많은 청년실업과 경제난으로 온 국민이 어려움을 호소하는 시대입니다. '오륙도', '사오정', '이태백'이라는 신조어가 생겼고, 취업을 못 한 청년층의 우울과 좌절은 급기야 자살이라는 지경에 이르기도 합니다. 이러한 현실에 현직 대통령이 소속한 교단에서 장자교단을 표방하며 다음 세대를 품는 교단, 섬김을 강조하는 교단에서 오늘 우리 시대의 아픔을 뒤로한 채 70세 정년을 75세로 연장해야 한다는 안건을 총회에서 논의한다는 것 자체가 과연 옳은가 하는 생각이 듭니다. 가뜩이나 기독교에 대한 반감이 큰 우리의 아픈 현실에 정년 연장안은 안티기독교의 불길에 기름을 퍼붓는 것이 되지는 않을까 싶습니다.

현재 일반적으로 안정적인 기업체의 경우 평균 정년이 55세 정도이고 공무원이 60세, 교사가 62세, 교수가 65세입니다. 그에 비해 목사의 정년은 70세로 제가 알기로는 제일 긴 상황입니다. 그런데 이게 짧다고 5년 더 늘리자는 것은 사회적 공감대를 형성해 낼 수 있을까 싶습니다. 저는 솔직히 오히려 정년을 5년 줄이자는 안건이 상정되어야 하지 않을까 싶습니다.

한 교회에 한 분의 목사가 오랜 세월 시무하다 보면, 오히려 독점적 카리스마에 따른 부작용도 크다고 봅니다. 자칫 달을 가리키는데 달은 보지 않고 손가락을 보듯이, 예수님보다 담임목사를 바라보는 교회가 될 수 있습니다. 저는 삼가 박수 칠 때 떠나는 아름다움을 보여 줘야 한다고 생각합니다. '나 아니면 안 된다', '우리 목사님이 은퇴하면 교회는 어떻게 하나?' 하는 생각은 신앙적이지 않습니다. 교회의 주인은 사람이 아닌 하나님이십니다. 저희 교목(학교목사)계의 한 선배 목사님은 교사 정년이 62세이니 그때 혹은 그보다 좀 일찍 명예퇴직하고 남은 삶을 해외 선교사르 헌신하겠다고 하셨습니다. 그분 말씀이 아시아권은 서양의 실용적 사고와는 달리 인생의 연륜을 중시하는 문화로 나이 많은 선교사들의 역할이 크다고 들었다고 하셨습니다.

고령화 사회로 들어선 현 시대에 정년을 맞아 은퇴한 목사님들이 은퇴한 신자들에게 사역할 영역도 많다고 봅니다. 목사님이 은퇴 후 목회를 하지 않는다고 해서 목사가 아닌 신자가 되는 건 아닙니다. 하나님의 일꾼에게 정년은 없습니다. 목회자들은 하나님이 부르시는 그날까지 사명을 감당해야 합니다. 이것은 다른 항존직 직분자도 마찬가지일 것입니다. 정년 연장이 아니라 다음 세대를 위해 자신의 기득권을 내려놓는 아름다운 선배들의 모습을 보고 싶습니다. -≪한국기독공보≫ 2009년 8월 19일 2718호 게재-

사랑이가 제게 물었어요

"아빠! 어린이집에서 식사 늦게 먹어서 꼴찌해도 괜찮지?" 이건 뭐 자신이 답을 정하고 묻는 방식입니다. 이게 사랑이의 주특기입니다. 사랑이는 이런 질문을 잘합니다. 그러면 저는 사랑이가 예상한 답을 줍니다. "그럼, 그럼, 괜찮지." 그러면 사랑이는 기다렸다는 듯이 신이 나서 이야기를 더 늘려 갑니다. "그래, 좀 늦게 먹어도 남기지 말고 꼭꼭 먹어야 하고, 천천히 먹어야지. 빨리 먹느라고 배 아프고 흘리거나 남기는 것보다 꼴찌 하더라도 천천히 꼭꼭 씹어 먹는 게 좋은 거잖아."

참~. 아무튼 사랑이는 어린이집에서 식사시간에 꼴찌를 했나 봅니다. 아빠를 보자마자 이를 묻는 게 그래도 제 딴엔 맘에 걸린 듯합니다. 어린 사랑이로서는 오랜 시간을 기다려서 아빠에게 물었지요. 사랑이는 누가 뭐라고 해도 아빠가 자기 편이 되어 줄 것을 믿는 것 같아 기분 좋았습니다. 그러니 식사시간에 다들 가버리고 외로이 식사를 하면서도 꿋꿋하게 자신의 길을 걸어갔지요. 그래도 2% 꺼림칙한 게 남았는지 확신을 갖고자 제게 물은 것입니다. 사랑이에게는 아비인 제가 어떤 판단의 기준인가 봅니다. 그리고 이 아비를 철저히 믿습니다. 이토록 저를 존중하고 믿어 주는 사람이 또 있을까요? 사랑이에게 저는 이렇게 귀중한 존재입니다. 또한 제게도 사랑이는 소중한 존재입니다.

저는 사랑이에게 경쟁이나 일등 그런 거 말하지 않습니다. 속도가 중요한 게 아니라 방향이 중요함을 일깨워 줍니다. 늦더라도 바른길을 가면 되는 것이지요. 오늘 문득 사랑이가 제 딸임이 자랑스러웠습니다. 사랑이는 저와 산책하거나 길을 걸을 때 꼭 제 손을 잡습니다. 어려서부터 저와 키가 달라 불편한데도 꼭 그렇게 합니다. 제 손을 잡고 걸으면서 아주 행복해 합니다. 쉬지 않고 제게 이야기를 합니다. 뭐 그리 할 말이 은지요? 어린이집 이야기, 교회이야기 등 이야기가 끊이질 않습니다.

참 감사하게도 사랑이의 이야기에 등장하는 사람은 모두가 아름답습니다. 사랑이는 누구를 미워하거나 험담하지 않습니다. 신기하게도 다 칭찬합니다. 모든 사람이 다 장점이 있습니다. 어떻게 이럴 수 있을까요. 제 곁을 지나치는 중고생이나 어른들의 이야기는 다른 사람을 욕하고 험담하는 이야기가 대부분입니다. 저도 사실 그런 경우가 많습니다. 그런데 사랑이는 세상을, 사람을 아름답게 봅니다. 제게 쉼 없이 들려 주는 이야기를 들어 보면 세상은 얼마나 아름다운지요. 모두가 천사들입니다. 이야기하는 사랑이의 얼굴이 얼마나 행복감에 빠져 있는지 모릅니다.

저는 사랑이의 고운 마음이 참 좋습니다. 세상을 밝고 환하게 바라보는 그 고운 눈빛과 사랑의 삶이 참 좋습니다. 제가 가르치고 그 모델이 된 건 아닌 듯 합니다. 물론 제 딴엔 좋은 마음밭을 갖도록 일깨워 주고, 제 아내가 사랑이를 잘 가르칩니다만 그게 다는 아닌 듯합니다. 사랑이는 최고급 과외 샘이 계십니다. 이분이 저희 부모보다 더 잘 가르쳐 주십니다. 그분이 바로 사랑의 하나님이십니다. 사랑이의 진정한 아버지 되십니다. 그러고 보면 사랑이와 저는 부녀지간이지만 동시에 친구입니다. 동시에 하나님 아버지의 가르침을 받는 제자입니다. 제가 먼저 입학한 선배이나 어느 땐 사랑이가 더 우수한 듯합니다. 저는 부진아인데 사랑이는 월반하는 듯합니다. 이러다가 거꾸로 제가 사랑이에게 제 일을 물어야 할 것 같습니다. 그러면 전 어쩌지요. 사실은 전 그게 더 좋지요.

이거 너무 딸 자랑하는 팔불출인가요? 저는 아들 겨레를 입양할 때도 아내는 물론이지만 사랑이와 상의하고 함께 가서 겨레를 집으로 데리고 왔습니다. 그때 사랑이가 6살이었지요. 사랑이는 동생을 데리고 오는 데 자신도 가족의 중심인물로 결정에 참여하였지요. 지금 사랑이는 동생을 잘 돌봐 줍니다. 앞으로도 사랑이가 제 고운 친구이기를 바랍니다.

친구에게
-류수인

큰 눈에는 거짓이 없고
작은 말소리에는 진실이 없나니
친구야 나를 맞을 때는
너에 눈 동공이 휘 등잔만 했음 한다.

진실은 눈에 담겨 있고
거짓은 입에 담겨 있나니
친구야 나를 맞을 때는
실눈으로 달콤한 인사 건네지 않았음 한다.

오늘은 입양의 날이에요

오늘은 2010년 5월 11일로 제5회 '입양의 날'입니다. 아마 잘 모를 겁니다. 뭔 날도 그리 많은가 싶으실 것입니다. 더욱이 자신과 무관한 날은 그냥 스쳐 지나가게 마련입니다. 그러나 저는 입양의 날의 의미를 가슴깊이 되새겨 봅니다. 입양아를 흔히 가슴으로 낳은 아이라고 합니다. 그렇습니다. 가슴으로 낳고, 사랑으로 키우는 아기입니다.

오늘 퇴근 후, 아내가 해야 하는 일이 있어 무려 4시간 반을 사랑이와 겨레랑 놀아 주어야만 했습니다. 아이고, 아기 보는 게 이렇게 힘들 줄이야. 처음 1시간은 밥 먹이고, 산책하면서 맛난 것 사 주는 것으로 잘했는데 이걸로는 역부족이었습니다. 이게 끝나니 이제 놀아 달라고 성화입니다. 7살 사랑이는 저 혼자 그림도 그리고 컴퓨터 켜서는 콘서트도 보고, 클래식도 들을 줄 압니다. 그런데 겨레는 이제 3살로 만으로는 한살이니 마냥 놀아 달라고 떼를 씁니다. 이리저리 안아 주고 목마를 태우니 좋아서 활짝 웃는데 어찌나 예쁘던지요. 목이 아파 오고 조금은 귀찮았지만 아들의 반응에 신이 났습니다. 이참에 아들 겨레를 이리저리 흔들어댔더니 어찌나 좋아하는지요. 덩달아 저도 신나서 놀았습니다.

　그렇게 한참을 놀았더니 좀 지쳤습니다. 몸은 지치고 제 할 일에 마음이 가는데 겨레는 아랑곳하지 않습니다. 이제 발동 걸렸는데 왜 꽁무니 빼려 하느냐는 표정으로 더 안겨들었습니다. 겨레에게 사정을 해도 안 통합니다.

　저는 급기야 사랑이에게 동생 좀 봐 달라고 구조요청을 날렸지요. 그렇게 조금은 번갈아 가면서 겨레를 보게 되어 다행이었습니다. 사랑이가 겨레를 잘 봐주기에 슬그머니 자리를 피해 제 할 일을 챙기는데 아뿔싸 사랑이 혼자서는 겨레가 감당이 안 되지, 급히 저를 찾기에 가 보니 겨레가 거실을 온통 난장판으로 만들어 놓았습니다. 그야말로 순식간이었습니다. 사랑이가 잠시 눈을 떼자마자 식탁의 과자를 다 쏟아 버렸습니다. 에고. 저는 겨레를 보듬어 안고 놀아 주기로 하고 사랑이가 흩어진 과자를 줍는데 이게 30분이나 걸렸습니다. 참~ 3살 겨레가 쏟는 데 3초 정도인데 7살 사랑이가 치우는 덴 30분이었습니다. 하기야 사랑이 손이 작으니 일일이 과자를 치우는 데 시간이 많이 걸렸지만요. 사랑이는 동생을 참 좋아합니다. 가끔 겨레가 누나를 꼬집고 물고 때리기도 하지만 그래도 동생이 좋다고 합니다. 묵묵히 과자를 다 줍고, 치우는 사랑이 모습이 어찌나 예쁜지요.

　다 치우고는 휴~ 한숨을 쉬는데 그 모습이 꼭 제 아내를 닮은 듯하여 웃었습니다. 하기야 저와 겨레는 어지르기 대장입니다. 아내는 치우기 대장이고요. 결혼 초부터 하도 제가 어지르기만 하고 치우지 않아 야단야단하다가 이제 결혼 10년 되니 포기했나 봅니다. 다행히 딸 사랑이는 엄마를 닮았는데 아들 겨레는 어쩌면 저랑 같은지요. 저희 집은 여편네들은 치우고 남정네들은 어지르고 다닙니다. 그러니 여편네들이 남정네들을 만날 야단칩니다. 이렇게 저렇게 시계를 봐도 아내는 올 시간이 아닙니다. 왜 이렇게 시간은 안 가는 건지 아이 보는 게 진짜 힘든 걸 새삼 느꼈습니다. 차라리 논문 한 편 쓰는 게 낫지요. 어휴~ 조금은 딸에게 떠넘기고 인터넷으로 여러 교회에서 제공하는 음악회나 찬양을 들려주기도 하면서 또 시간을 때웠습니다. 다행히 딸과 아들 모두 음악을 좋아합니다. 겨레는 음악이 나오면 박수를 치고 다리를 오므렸다가 폈다가 하면서 춤도 추지요. 그 모습이 또 어찌나 귀여운지요. 이렇게 저렇게 하다 보니 아내가 왔습니다. 아이고, 이 반가움……

사실은요. 사랑하는 아내가 와서가 아니고요, 아이 돌봄에서 좀 벗어난 듯해서였습니다. 피곤에 지친 아내에게 겨레를 떠넘겼습니다. 아내는 자신도 피곤하다며 피하려는 걸 저만 살겠다고 살짝 피했습니다. 역시 아내는 엄마입니다. 겨레를 업고는 가만히 토닥임으로 재웠습니다. 겨레가 엄마 품이 좋은지 오롯한 자세로 잠이 들었습니다. 역시 엄마는 아빠보다 낫습니다. 휴~ 이제야 해방……. 제가 아들을 참 좋아하는데 오늘은 참 힘들었습니다. 제게 4시간 반 동안 아기 보라는 건 엄청난 고역이었습니다.

그리고 보면 아내는 참 대단합니다. 아내에겐 겨레 돌보기가 생활입니다. 하루 종일 돌보면서 지냅니다. 자기 일도 없습니다. 이런 아내의 고충을 이제야 조금 알 듯합니다. 맨 처음 겨레를 입양하고자 할 때 허락하고 마음을 함께해 준 아내, 지금 겨레를 누구보다도 가슴깊이 사랑하는 아내가 참 고맙습니다. 사실 입양 제의는 제가 했지만 입양한 아들을 돌보는 일은 아내가 저보다 훨씬 감당할 몫이 큽니다.

오늘 문득 아내가 참 사랑스럽게 보이고 아름다워 보였습니다. 입양의 결정부터 오늘까지 묵묵히 겨레를 사랑으로 키우는 아내의 모습이 제겐 큰 행복입니다. 제 아내는 제게 큰 자랑입니다.

이제 또 소중한 아이 한 명을 입양하고자 신청하고 기다리는 중입니다. 이제 아내는 겨레만이 아닌 힘든 육아모의 시기를 또 겪어야만 합니다. 저도 아기 보는 일에 좀 더 배움이 필요하고 헌신이 필요합니다. 조금은 각오하고 있으나 좁은 집에서 여기저기 돌아다닐 겨레와 셋째를 생각하니 조금은 아찔합니다. 저는 또 딸에게, 아내에게 구조요청을 하고 말 것만 같습니다.

오늘 문득 제가 가르치는 중학교 국어 교과서에 나오는 입양에 대한 구절이 눈에 띄었습니다. 같은 교과서로 몇 년째 가르치고 바라본 구절인데 한 번도 이상하다고 느끼지 않았는데 오늘에야 눈에 띈 것입니다. 그러고 보면 자기 입장에 따라 잘 보이는 것인가 봅니다. 우리는 흔히 낳아 주신 부모님을 생부모(生父母)라고 합니다. 그리고 저희 부부처럼 길러 준 부모를 양부모(養父母)라고 합니다. 이건 맞는 말인 것 같은데, 입양자녀가 낳아 주신 부모님을 지칭할 때 쓰는 말이 친부모(親父母)였습니다.

'친부모'……. 그럼 저희 같은 입양부모는 친부모가 아니라는 것 같아 마음 상했습니다. 낳아 주신 은혜는 아무리 강조해도 지나치지 않는 것이지만 친부모라는 말은 저희 양부모가 더 맞는 건 아닌가 하는 생각을 해 보았습니다. 아마 오랜 전통인 삼강오륜에 나오는 '부자유친'(父子有親)에서 '친'이 나온 건 아닌가 싶습니다. 부모와 자식은 천륜(天倫)이라고 하여 하늘의 뜻이니, 끊으려고 해도 끊을 수 없다는 의미가 강한 것이 우리의 전통윤리관입니다. 그러나 이건 일반적인 윤리의 강조를 위한 것이고, 부득이한 경우 저희 가족과 같이 가습으로 낳아 맺어진 부모와 자식 간의 관계도 있습니다. 저희 부부는 입양한 겨레와 핏줄이 당기는 사귐일 수는 없지만 누구보다도 친하게 지내고 싶습니다. 그러면 저희도 친부모가 아닌가 싶습니다. 우리가 무심코 써 오는 개념으로 친부모라는 말이 생부모와 동일어로 여겨지고 양부모는 그와 다른 개념어인 것 같습니다. 친부모와 동일어로 생부모가 아닌 양부모로 써야 한다는 생각을 해 보았습니다. 아니, 생부모라는 말과 동일개념어로 쓴 걸 양부모가 뺏어 오는 것 같으니 생부모와 양부모 모두에게 친부모라는 말을 쓰면 좋을 것 같습니다.

저희 부자의 나이 차이 39

에고, 오늘 아내가 딸 사랑이를 위해 쿠키를 만들어야 하니 퇴근 후 꼼짝 말고 집에서 아들 겨레를 보라고 하였습니다. 미리 예고된 일이고, 그러마 하고 약속한 일인데 이를 어쩝니까. 오늘 학교 수업하고 공문 처리하느라 퇴근하고 집에 오니 피로감에 그만 눕고만 싶었습니다. 그런데 아내는 미리 준비한 쿠키재료를 펼쳐 놓고 사랑이와 정답게 이야기꽃을 피웠습니다. 하는 수 없이 저는 제게 주어진 과업을 감당해야만 했습니다.

아! 그런데 엎친 데 덮친 격으로 오늘따라 겨레는 이 아빠랑 놀려고 작정하고 기다린 눈치입니다. 그야말로 온 가족이 총출동하여 저를 가만 놔두지 않을 작정입니다. 그러니 "나! 피곤해서 쉴래. 겨레 안 보면 안 될까?" 하는 말이 목구멍까지 차올랐으나 차마 그 말을 못 하고 말았지요. 제가 사랑하는 두 연인이 저렇게 좋아하고 준비를 다 했는데요. 할 수 없이 겨레랑 놀아 줘야 합니다.

저도 겨레랑 노는 게 좋고, 운동도 잘 안 하니 겨레랑 산책도 할 겸 하여 데리고 나갔습니다. 세 살이지만 만 나이로는 한 살이라 잘 걷지 못하니 집 뒤편 논길 가까지는 목마 태워서 걸었지요. 좀 힘들지만 겨레는 참 좋아합니다. 지나가는 사람들이 보기 좋다며 덕담을 해 주시니 덩달아 신이 났지요. 아! 그런데 이 아비는 이내 지쳐서는 그만 겨레를 내려놓았지요. 제 체력으로는 안 되기에……. 겨레는 더 태워 달라고 떼를 쓰는데 애써 외면하고는 걸어야 함을 말하나 막무가내입니다. 이젠 아예 자신의 주특기인 울음으로 제게 안기는데 이거 참~ 자식 이기는 부모 없나 봅니다. 하는 수 없이 힘을 내서는 목마 태워 걸으니 언제 그랬냐는 듯 또 신이 났습니다. 아들이 좋아하니 저도 새 힘이 나는 듯 좋았습니다. 제게 어디서 그런 힘이 나오는지 열심히 목마 태워 논길을 걸으면서 아들과 데이트를 즐겼습니다. 이렇게 행복감에 취해 걷다 보니 들에 핀 꽃 한 송이도 힘차게 날갯짓하는 새들도 정겨웠습니다. 지나가는 사람들의 모습도요. 온 세상이 아름답게 보이니 제 마음도 맑아지는 듯했습니다.

이렇게 겨레와 함께 이리저리 걸으면서 황혼의 들녘을 거닐다 보니 어느새 한 시간이 족히 지났고 밥 먹을 때도 되었다 싶어 집에 돌아왔습니다. 아내와 사랑이도 쿠키 만들면서 도란도란 이야기꽃을 피웠다고 좋아하니 오늘 제 소임을 다했다 싶어 저 자신이 기특하게 느껴졌습니다. 온 가족이 즐겁게 식사를 하고 나니 아휴~ 긴장도 풀리고 밥도 먹고 소임을 다한 뒤라 그런지 이내 졸음이 쏟아져 왔습니다. 양치질만 하고는 바로 침대로 가서 누우니 에고~ 겨레가 따라오면서 놀자고 성화입니다. 밥 먹으니 더 힘이 나서 그런지 더 열정적입니다. 그런데 이를 어쩝니까. 나이 든 아비의 체력이 바닥 나 버린 지 오래인데도 겨레는 이에 아랑곳하지 않고 아비의 머리를 잡아당기고 안경을 벗기면서 떼를 써댔습니다. 참~ 함께 시간을 보내고 싶은 마음은 굴뚝 같지만 몸이 천근만근이니 도저히 어찌할 바를 몰랐습니다.

저는 아내와 사랑이에게 오늘 제 소임을 다한 것을 핑계로 간절히 구조요청을 하였습니다. 고맙게도 두 여인은 저를 불쌍히 여기어 겨레를 봐주려고 데리고 가는데, 겨레는 으앙~ 하고는 울음으로 제게서 떨어지려 하질 않았습니다. 그래도 억지로 겨레와 저는 생이별을 하였습니다. 그 덕분에 저는 단잠에 빠져들 수 있었습니다. 나이 차이 39살이라는 이 현실은 어쩔 수 없나 봅니다. 오늘은 무사히 넘어갔지만 천하장사 겨레와 놀아 줘야만 하는데 이를 어쩌나 싶습니다.

아래의 글은 셋째 아들 가람이를 입양한 제 글이 소재로 채택되어 방송된 'TV동화 행복한 세상'(2010년 10월 14일 방송된 '아이는 희망입니다')에 나온 글입니다.

아이는 가족을 지키는 황금 면역력입니다.
절망이라는 전염병을 막아주는
희망이라는 이름의 놀라운 치유능력
아이는 가족의 생명력입니다.

제 아들 생모님께 감사드려요

사랑하는 아들 한겨레! 문득 아들의 이름을 불러 봅니다. 제 아들은 미혼모이신 분의 고통 속에서 피어난 소중한 생명입니다. 아마도 스쳐 지나가는, 아니, 짧은 순간 남과 여가 만나 열정 가득한 사랑을 나누며 그 진실한 순간에 맺어진 결실일 듯합니다. 그러다가 현실이 여의치 않아 남자는 떠나고 홀로 남은 여인은 어느 날 문득 고운 추억의 흔적을 깨닫고 고민을 하셨겠지요. 그리고는 이내 울음을 터뜨리셨을 테고요.

그 울음 속엔 자신의 삶에 대한 자책과 떠나간 사람에 대한 애증과 이 일을 어찌해야 하나 하는 당혹감이 뒤범벅이셨겠지요. 그러나 그 아픔 속에서 감사하게도 소중한 생명을 낳기로 결심하셨지요. 오랜 시간 고통을 인내하며 낳아 주신 사랑에 늘 감사한 마음입니다. 만약 그때 한순간에 아이를 지우고자 하는 맘이었다면 이 소중한 아들은 전해지지 못하였을 것입니다. 그러니 제 아들에겐 생명을 주신 소중한 분이 바로 생모님이십니다. 지금 어느 하늘 아래서 어떻게 살아가실지 모르지만 늘 마음속에 아들을 향한 미안함으로 사시지는 않으실는지요. 먼 훗날 제 아들과 생모님이 만날 때, 그 감격에 저는 눈물로 바라보지 못할 것만 같습니다.

저는 오늘 제 아들을 더 잘 키우고 싶다는 생각과 다짐을 합니다. 버림받은 아픔을 성숙의 기제로 삼고 입양아라는 피해의식 없이 당당히 자신의 삶을 살기를 바랍니다. 그 삶에 저는 다만 작은 거름이면 족합니다. 저는 기대가 됩니다. 저의 사랑하는 아들 한겨레의 당찬 미래, 힘찬 전진을요. 당당한 모습으로 이담에 생모님을 만나기를요…….

뭐랄까? 세상적인 성공은 바라지 않습니다. 이런 가능성을 차단함은 아니고요. 그저 자기 삶을 주체적으로 올곧게 살아가기를 바라는 마음입니다. 어느 땐 미안합니다. 더 좋은 가정에서 양육된다면 더 좋은 삶이었을지도 모르는데 가난하고 주변머리 없는 이 아비를 만났으니……. 제대로 사교육도 못 시켜 주고 여행도 제대로 못 할 것입니다. 나이차도 무려 39살이니 제가 많이 노력해야 합니다. 아들을 위해 부단히 저 자신을 낮추렵니다. 두 무릎을 꿇고 말놀이도 하고 어깨가 으스러지도록 목마도 태워 주고요, 더 안아 주고 더 스킨십하고 더 이야기 나누고요. 전 아들과 친구이고 싶습니다.

이제 제 아들에겐 동생이 생깁니다. 제 생각에 아주 좋은 선물이 될 듯합니다. 제겐 더 열심히 살아야 할 명분과 사명감, 저 자신을 내려놓을 거리가 생기지요. 스스로 저의 욕심과 성취지향의 가능성을 내려 놓고자 함이 좋습니다. 저 자신이 기특하게 느껴집니다. 좋은 목사, 좋은 교사는 포기하렵니다. 그저 노력하는 삶이기만을요. 그러나 제 아들에겐 좋은 아빠이고 싶습니다. 저요, 때론 제 마음 아프더라도 마땅히 행할 길을 가르치렵니다. 무조건 사랑을 주는 것도 아들을 의존형 인간으로, 사랑을 당연시하는, 감사할 줄 모르는 아이로 만들 듯도 합니다. 자식 교육에 정답은 없으니, 기도하면서 지혜롭게 양육하렵니다. 저는 아들에게 잘못한 것은 반드시 사과하는 아비가 되렵니다. 고마움을 표현하는 아비가 되고요. 늘 믿어 주는 소중한 친구이고 싶습니다. 아들아, 아빠 널 정말로 사랑한다.

오늘 학교 근무 중에 아들이 참 보고 싶었습니다. 점심시간에 집에 다녀오려고 합니다. 아비를 보면 환하게 웃으며 반겨 주는 그 모습이 저를 설레게 합니다. 마치 연애하듯 아들을 보고 싶고, 함께함이 좋습니다. 제 아들을 낳아 주신 생모님의 행복을 바라는 기도를 올립니다. 늘 기도 제목입니다. 이담에 제 아들과 생모님이 아름다운 만남으로 감격스러운 상봉을 하게 되기를……

제 아들은 참 행복합니다. 소중하신 어머니가 제 아내 말고 한 분 더 계십니다. 생모님, 어느 하늘 아래서 사시는지 모르나 행복하시기 바랍니다. 정말 감사드립니다. 제 아들 걱정 마시고 행복하세요. 제가 제 아내와 함께 풍족하진 않지만 기도하건서 잘 기를 것입니다. 부끄럽지 않은 부모가 되도록 최선을 다하렵니다.

혹시, 생모님이 이 글을 보실지요? 앞으로 아들 이야기를 기회 닿는 대로 펼칠 것입니다. 아무 말 없이 묵묵히 지켜봐 주세요. 저희가 모르게 양육에 대한 조언을 해 주셔도 좋습니다. 누군지 찾으려고 절대 안 할 것입니다. 제 욕심엔 서로 알고 지내면 더 좋지만요. 아들에게도요. 제가 좀 이상적인가요?

한겨레를 보고 눈물이 났어요

제 아들 한겨레, 제가 사랑하는 아들 한겨레······.
제겐 특별한 아들입니다. 제 아들은 저를 닮은 데가 거의 없습니다.
지난 2004년 초극저체중으로 임신 7개월만에 920그램으로 태어난 딸
에 이어 지난 2008년 12월생으로 2009년 2월에 입양한 아들입니다.
겨레와 저는 혈액형이 다릅니다. 공개입양이라 굳이 혈액형의 같음을
의식하지 않았습니다. 우리나라는 핏줄을 중요시하는데 그런 점에서
겨레와 저는 핏줄이 당기지 않을 것입니다. 그러나 저는 이에 대한
마음에 불편함이 없습니다. 오히려 저는 겨레가 절 안 닮은 게 더 낫
다 싶습니다. 다행히 겨레는 저를 안 닮아서 아주 잘생겼습니다. 눈도
크고 맑고, 잘 웃습니다. 노래도 잘하고, 건강합니다. 이담에 저처럼
흰머리 많은 백발노인은 안 될 것입니다.

겨레는 저를 참 좋아합니다. 저만 보면 반갑다고 환하게 웃으며 맞
이해 줍니다. 안아 주면 그렇게 행복해 할 수 없습니다. 저의 사랑에
얼마나 즉각적인 반응을 해 주는지, 이게 참 고맙고, 좋습니다. 어르
신들이 어린아이들을 강아지라고 부르시는데 요즘 이 말의 의미를
잘 알 것 같습니다. 겨레는 집 안에서나 집 밖에서 저만 졸졸 따라 다

닙니다. 낯을 가리는 건지 다른 사람에게는 안기려고도 안 하고 저만 꼭 붙잡고 안겨 옵니다. 다 좋은데 지나칠 땐, 화장실도 못 가게 합니다. 겨레와 저는 서로를 참 좋아합니다.

이렇게 사랑하는 겨레의 자는 모습이 얼마나 사랑스러운지 모릅니다. 오늘도 머릿결을 쓰다듬으며 가만히 볼에 뽀뽀를 해 주려는데 그만 살짝 눈물이 났습니다. 이렇게 사랑스런 제 아들 겨레가 짊어질 아픔으로 제 가슴이 저려 오는 듯했습니다. 겨레가 너무도 불쌍하게 느껴졌습니다. 이렇게 잘생기고 귀엽고 사랑스러운 아들이 태어나자마자 버림 받아야만 했던 그 아픔…… 버릴 수밖에 없었던 생모님의 아픔은 또 얼마나 컸을까 싶었습니다. 그리고 겨레는 다른 집이 아닌 저희 집에 입양되어 목사 아들, 선생 아들이라는 굴레가 씌워졌습니다. 저는 자유혼으로 살기를 바라는데 이 굴레가 겨레를 괴롭히지나 않을까 하는 생각도 들었습니다.

생명은 참 소중한 것입니다. 잘 가꾸고 다듬어 나갈 소중한 나무 같습니다. 겨레는 시작부터 상실과 이별을 겪어야만 했습니다. 물론 그 아픔으로 겨레와 저는 만났습니다. 제가 겨레의 아픔을 다 메워 줄 수는 없을 것입니다. 겨레의 머릿결을 쓰다듬으면서 할 수 있는 한 모든 것을 내어 놓고서라도 겨레를 사랑하리라 다짐해 보았습니다. 제 역량이 부족함을 잘 알기에 기도합니다.

'하나님 아버지, 제 아들의 진짜 아버지는 제가 아니라 하나님 아버지이십니다. 부디 제 아들을 불쌍히 여기시어 함께하소서. 자신의 아들을 가슴에 묻어 두고 살아갈 제 아들의 생모님을 위해서도 기도합니다. 주여. 이 상처받은 두 생명이 먼 훗날 만나서 부둥켜안고 목 놓아 울면서 화해하고, 용서하고, 사랑하는 사귐이 이루어지게 하소서.

이 일에 저의 작은 사랑이 쓰임받기를 소원하옵니다.'

오늘 문득 아들의 아픔이 제게 전해져 눈물이 났습니다. 새록새록 잠든 얼굴에 볼을 비비며 기도를 이어 갔습니다. '주여, 불쌍히 여겨 주옵소서…….' 이게 아비 맘인가요? 이번에 우연찮게 제가 셋째 가람이를 입양한 이야기가 채택되어, 'TV 행복한 세상'에 방송된다는 연락을 받았습니다. 이 소식에 기쁘고, 감사하다가 문득 드는 생각이 마음에 걸렸습니다. 겨레에 대한 것도 방송이 되었으면 더 좋을 것을……. 그야말로 괜스레 제 발 저렸습니다. 제가 처음 딸을 위한 책을 내려고 하다가 아내의 말이 "겨레가 입양한 아들인데 누나 책만 내 준다 할까 싶다."는 말에 급히 대출받아 돈 들이고, 시간 들여 쓴 책이 바로 『아빠와 함께 읽는 성경이야기』였습니다. 이 책을 냄이 겨레가 서운해할까 싶어서였기에, 출판도 딸과 아들 것을 동시에 했습니다.

이번에 방송되는 것이 가람이만 되고, 겨레는 안 되는 것이니 이담에 겨레가 서운하다고 하면 어쩌나 싶었습니다. 이제라도 겨레를 입양할 때를 이야기로 하여 방송이 되도록 해야 하는데 아뿔싸! 겨레를 입양할 때는 일기를 안 썼기에 그에 대한 애틋한 기록이 없습니다. 소재 될 거리가 되어야 방송소재로 채택될 텐데 이제 와서 회상으로 쓰긴 역부족이었습니다. 하기야 겨레를 입양할 땐 의외로 부모님과 여동생들과 처가 식구들도 쉽게 허락해 주셔서 이렇다 할 에피소드가 없습니다. 이 다음에 커서 겨레가 제게 서운하다고 할까 싶어 가람이 이야기가 방송 나온다는데 좋아할 수만은 없으니 참~ 도둑이 제 발 저리는 격인 아비의 마음이 이런 건가 싶습니다.

아들에 대한 지나친 사랑도 문제

문득 학교에서 부모님이 조금 지나치게 보호하는 장애학생을 보면서 겨레를 생각해 보았습니다. 이담에 겨레가 제가 몸담는 학교 다닐 때, 그러니까 지금부터 11년 후이면 제가 53세이네요. 노땅입니다. 혹, 그때 동료 샘이 제 아들을 담임하시면 절 상담실에서 만날지 모릅니다. 저와 제 아내에게 부모 상담이 필요함을 역설하실지도요 아니면, 동료교사라 말은 못 하고 담임을 피하고 싶은 아이일지요.

사실 저는 겨레를 엄청 좋아합니다. 늘 보면 사랑스럽고, 안쓰럽습니다. 태교가 중요한데 미혼모이셨던 생모님이 얼마나 스트레스 속에서 오랜 아픔을 겪었을까 싶습니다. 그러니 그게 다 스트레스가 태아인 겨레에게 전달되었을 것 같고, 스트레스로 이것저것 조심성 없이 먹은 것이 겨레에게 전달되었을 것 같습니다. 그래서 그런지 겨레는 아토피가 좀 있습니다. 자면서도 간지럽다고 긁어 달라고 할 땐, 마음이 참 아픕니다. 요즘 피부과 의사선생님 말씀 따라 매일 목욕시키고, 크림을 온몸에 발라 줍니다.

요즘 저는 하루에도 여러 번 겨레가 보고 싶습니다. 이거 뭐 무슨 연인도 아니고……. 그래도 다행인 것은 겨레도 절 참 좋아합니다. 겨레는 엄마보다 아빠라는 말을 더 잘합니다. 제가 출근하려고 하면 울면서 떼를 쓰는 게 아주 온 동네 떠나갈 듯 난리입니다. 퇴근하면 환하게 웃으면서 아장아장 뛰어와서는 반겨 줍니다. 이럴 땐 기분 최고입니다. 여기까진 입양한 아들을 사랑하는 아주 좋은 아비로 아무 문제없는 아비와 아들일 것입니다.

그러나 문득 생각해 보았습니다. 이게 좋은 것만은 아닐 것 같습니다. 제가 자주 말하는 한자성어인 과유불급(過猶不及). 지나치면 모자람만 못하다고요 제가 아들을 너무 사랑하니까 자칫 지나친 보호가 될 수 있다는 생각이 듭니다. 무조건 받아 주는 사랑은 겨레를 의존형으로 키울 수 있습니다. 자생력을 키울 기회를 차단하는 것 같습니다. 적절한 때 야단을 안 칠 것 같습니다. 그러면 그야말로 사랑하는 게 반쪽인 것인데요 때로는 야단도 쳐야 사랑이 온전해질 것 같습니다. 조금은 무관심한 것도 지혜로운 사랑의 방법일 것입니다. 그래야 균형 잡힌 사랑 받고 부족한 사랑은 자신이 대체해 나가는 능력도 길러 가는 것 같은데 말입니다. 제가 다 해 주면 겨레가 자라질 못하는 걸요.

저는 제 시간을 다 쏟아붓는 사랑을 하다 보니 겨레에게 기대가 커지게 될지 모릅니다. 기대가 큰 만큼 안 따라 주면 서운함이 커져서 속상하게 되겠지요. 겨레도 아비의 기대가 부담될 것 같습니다. 차라리 조금 무관심하면 겨레가 편할 텐데 말입니다. 사랑이 지나치면 간섭이 되고, 조종이 될 듯도 합니다.

사실 제가 겨레를 아주 좋아하는 이유는 제 상처일지도 모릅니다. 겉으로는 입양아라 더 안쓰러워서 그러는 것이지만요, 사실은 제가 아버지 사랑 받기 결핍에 의한 것인지 모릅니다. 제 아버지는 아주 무뚝뚝하시고, 가끔은 폭력적이시고 우격다짐이셨습니다. 좀 무능하신 아버지로 인해 사춘기 시절 열등감과 아픔이 컸습니다. 누군가가 제게 "아버지 뭐 하시냐?" 하는 물음도 싫고, 저희 집에 누가 오는 것도 부끄럽고 싫었습니다. 아버지는 농촌의 초등학교 졸업자로 우리말을 어려워하십니다.

그러나 지금은 정말 많이 변하셨습니다. 아주 다정다감하십니다. 잔정도 많으십니다. 나이 들면 남성에게서 여성성이 드러난다는 말이 맞나 봅니다. 아주 가정적이십니다. 아버지는 오랜 육체노동을 해 오셔서 그런지, 무릎 이상으로 일을 못 하시게 되면서 저와 여동생들이 부모님께 매달 생활비를 드려야만 합니다. 여건상 같이 살지는 않지만 아버지의 보호자 중 하나가 바로 저입니다. 지금은 제 걱정 참 많이 하시고, 자랑스러워하십니다. 아버지는 제게 단 한 번도 "미안하다", "사랑한다"는 말을 하신 적이 없으시지만 아버지의 마음을 잘 알고, 분명하게 느낍니다. 하기야 저도 단 한 번도 "아버지, 사랑해요."라는 낯간지러운 말을 한 적이 없습니다.

그래서 겨레에게 더 잘하는지 모릅니다. 겨레는 저와 같이 상처받은 아들로 크지 않기를 바람이 거꾸로 너무 아버지 사랑을 받아서 문제아로 클지는 모르지만요 그야말로 과보호의 아이로 말입니다. 자기밖에 모르는 아이로요 물론 겨레가 평생 입양아라는 피해의식이나 열등감을 가질지 모릅니다. 이를 극복하는 건강한 마음은 겨레의 과제입니다. 그리고 또한 저와 제 아내와 사랑이의 과제일 것입니다. 그러나 이를 지나치게 의식하여 제가 지나치게 보호하고 사랑하면 더 큰 부작용이 나올 것 같습니다. 아마 겨레를 아는 이들도 그럴지 모룹니다.

아마 우리 학교 샘들도 겨레를 대하시면서 그럴 수 있습니다. 입양
아라 안쓰러워 덜 때리고, 덜 야단치시고……. 아니면 거꾸로 겨레가
목사인 아비의 입양아니 아비에게 부끄럽지 않게 하려고 지나치게
모범생으로 살려고 할 수도 있습니다. 그러면 겨레는 마음이 늘 불안
할 것 같습니다. 목사 아들의 입양아를 의식함이…….

저는 겨레가 건강하길 바랍니다. 몸이 건강함은 물론이고, 마음
이……. 제가 이전에 마음 건강을 생각지 못할 땐 그저 몸 건강히 잘
자라 주기를 바라고 기도했습니다. 그러나 지금은 몸보다 마음 건강
의 중요함을 더 느끼곤 합니다. 뭐가 정답인지, 적절한 때와 방법은
모르겠습니다. 그러고 보니 어느 누군가의 말대로 우리 아이들이 제
일 싫어하고 힘들어 하는 공부가 더 쉬운 것 같습니다. 인간관계나
자식교육 그리고 아이들 교육엔 정답이 없으니 참 어렵습니다. 해 보
고 안 되면 다시 하면 되는 것도 아니니 더 어려운 것 같습니다.

장애학생 부모님의 지나친 보호……. 아이가 청각 장애라 더 안쓰
러우실 것입니다. 그런데 이게 참~ 제가 보기에, 이 아이가 몸의 장
애가 문제가 아니라 마음의 장애가 드러나니 학교에서는 친구들이나
샘들과, 교회에서는 사람들과 소통을 잘 못합니다. 세상 사람들은 부
모님처럼 다 받아 주질 않습니다. 가만히 보니 학교나 교회 사람들
대부분이 이 아이를 싫어합니다. 그러니 이 아이는 청각장애가 신체
만이 아닙니다. 더 큰 문제는 마음 장애입니다. 편집증처럼 사랑에 갈
급함이 심할 수도 있습니다. 사랑 못 받으면 못 견뎌서 야단맞으면서
도 관심 끌려는 아이들처럼요. 특히 여자 샘들에겐 엄마 같은 느낌이
오버랩될 수도 있습니다.

우리는 건강한 귀의 기능을 갖고 있지만 다른 사람의 말을 잘 못 알아듣는 경우를 '사오정', '형광등'으로 부르곤 합니다. 저도 좀 그런 편에 속합니다. 그리고 사람의 말 속에 숨은 의도나 음흉함을 간파하지 못하는 경우가 많습니다. 그러니 귀가 있다고 다 잘 듣는 건 아닌 것 같습니다.

어제 3학년 최현성과 이야기를 나누면서 많이 배웠습니다. 제가 알기로 싸움하면 우리 학교에서 이 아이가 짱입니다. 이 아인 공부엔 별 관심이 없고, 태권도를 좋아해서 매일 도장에 나갑니다. 그러다 보니 자신의 우울과 공격성을 건강하게 풀어내는 것 같습니다. 자신의 아버지도 무뚝뚝하시고 별로 말이 없으셔서, 그게 아쉽지만 이해한다고 합니다. 자신은 공부를 못해서 학교에서 야단맞곤 하는 것이라 불만이 없다고 하면서, 자신과 친구들의 삐딱함에 대해서도 이렇게 평하였습니다. 자기 하기 나름이라고요. 가정환경이 엄청 안 좋은 건 사실이지만 그래도 자기 인생을 망치면 자기 책임으로, 환경 안 좋은 사람이라고 다 문제아는 아니라고 하는데 어쩌면 이렇게 말을 잘하는지……. 저는 그저 열심히 듣고만 있었습니다. 그러면서 참 미안한 마음이 들었습니다.

저는 현성이를 그저 공부 못하고, 말썽꾸러기 아이로 생각하여 좀 낮게 보아 왔습니다. 그런데 말하는 걸 들으니 자기 주관이 뚜렷하게 마음도 건강하고, 자신의 생각을 분명하게 잘 정리하여 말할 줄 알았습니다.

현성이의 말이 맞는 것 같습니다. 문제 아이들을 안쓰럽다고만 보는 것도 온전함은 아닌 듯합니다. 물론 처절한 가정사의 아픔이 있지만 그것이 아이들의 삐딱함이 허용됨은 아닐 것입니다. 자신의 의지적인 결단으로 이를 극복하는 위인들도 많습니다. 어느 샘은 자신을 진흙 속의 연꽃, 쓰레기통 속의 장미라고 빗대어 이야기하셨습니다. 저도 나름대로 고생해서 오늘에 이른 사람이니 그런 편입니다.

그런데 어려움 속에서 오늘에 이르렀다는 게 자랑이거나 존경스럽지만은 않은 것도 같습니다. 고생하며 오늘에 이름이 매우 존경스러운 것은 사실이지만 이게 자칫 마음의 쓴 뿌리로 남았다면 이건 독버섯일 수도 있을 것 같습니다. 제가 아버지의 사랑을 제대로 받지 못하고 일하시느라 분주한 어머니의 사랑을 덜 받아서 이에 목말라함이 저의 상처일지 모릅니다. 사랑받은 사람이 사랑할 줄을 아는 것이지요. 오늘 문득 제가 아들을 사랑함도 제 상처임을 생각해 봅니다.

입양 허락해 주신 아버지

드디어 아버지로부터 입양 허락을 받았습니다. 여동생 말을 들으니 입양하려면 서울에 오지도 말라는 강한 말씀을 하셨다고 합니다. 지난번 겨레를 입양할 땐 쾌히 허락하셨는데 이번엔 결사 반대셨습니다. 제 나이 42살이니, 앞으로 학교 근무 20여 년 남았습니다. 그러니 입양할 셋째 아들은 대학교육도 제대로 못 시킬 형편입니다. 저 혼자 벌어서 아내와 아이 셋이 살아야 합니다. 저는 장남인데 부모님도 연로하시고, 처가 어르신들의 경제적인 형편도 말이 아니십니다. 더욱이 제 건강도 여의치 않고, 이래저래 공부한답시고 빚도 많은데 돈 버는 덴 영 소질이 없습니다. 그러니 반대하시는 이유도 당연합니다. 아버지만이 아니라, 어머니와 여동생들도 모두 결사 반대였습니다. 저를 아는 이들 대부분이 반대였습니다. 아버지의 반대로 차일피일 입양기관에 입양신청서를 내지 못하니 마음도 불편하고 밥맛도 없고, 잠도 잘 못 이뤘습니다.

오늘 점심이 목에 넘어가질 않았습니다. 도저히 이렇게는 안 되겠다 싶어 아버지에게 핸드폰으로 연락해서는 말씀드렸습니다. "아버지, 아들 좀 믿어 줘요. 꼭 허락해 줘요." 이렇게 말하는데 저도 모르게 눈물이 났습니다. 핸드폰을 쥔 손에 눈물이 흘러내릴 정도로 울었습니다. 제가 이렇게까지 애원하니 아버지는 한숨을 내쉬시고는 말씀하셨습니다. "나도 모르겠다. 네가 알아서 해라." 그 순간 얼마나 감사한지 갑자기 하늘이 확 열리는 듯한 감격에 힘이 절로 났습니다. 아버지에게 그저 고맙다고 흐느꼈습니다. 아버지도 다 널 위해 반대하는 것이지 아버지 좋으려고 한 것이 아니라고, 앞으로 어떻게 살지 걱정이라고 하셨습니다. 이왕 하는 거 신중하게 잘 알아보고 잘 키우라고 하셨습니다.

드디어 오후에 바로 조퇴를 신청하고는 입양에 필요한 서류 준비로 분주했습니다. 이어서 입양기관에 전화해서 겨레에 이어 입양하겠다고 하니, 대단하시다는 덕담에 이어 아직 적당한 아기가 없으니 좀 기다려야 한다고 했습니다. 이제 제가 할 일은 다 했습니다. 그저 이제는 기대하며 기도하며 기다려야만 합니다.

저는 사랑하는 아들 겨레를 입양하고 오늘까지 감격스러운 사랑을 나누며 살고 있습니다. 겨레를 키우며 느끼는 행복감은 이루 말할 수 없는 감격과 기쁨 충만입니다. 저는 겨레 때부터 왠지 '한 명 더!'라는 마음의 서원으로 살아오다가 드디어 부부간 합의(반 년), 부모님과 형제간 허락(3주)을 얻어 신청했습니다. 이번에도 겨레 때처럼 성별, 혈액형, 생부모의 상황 같은 것은 개의치 않기로 했습니다. 그저 신체 건강함만은 죄송하지만 조건으로 제시했습니다. 장애 아이는 경제적인 여건이나 마음의 부담으로 자신이 없었습니다.

저와 아내와 사랑이는 모두 A형이고, 겨레는 B형입니다. 그러니 이번에도 A형 말고 B형이나 AB형이나 아니면 O형도 좋을 것 같았습니다. 나이도 겨레 때처럼 키우기는 부담스러우나 애착형성을 하기 위해, 어릴수록 좋으나 조금 지난 아기도 좋을 것 같았습니다. 입양기관의 말이 사람들이 남자아기보다 여자아기를 9배는 더 원하는 편이라 어려운데 저흰 성별 안 따지고, 혈액형, 생부모 여건 등을 안 따지니 덜 기다릴 것이라 했습니다.

저는 지난 4월 19일 딸을 위한 책과 아들 겨레를 위한 책을 각각 출간하였습니다. 이제 셋째를 위해 책을 하나 더 써야 할 듯합니다. 아비의 사랑을 담아서……

오늘부터 입양기관 소장님의 메일을 간절히 기다립니다. 보내 주시는 메일이 오면 소중한 아기의 사진도 보게 될 것입니다. 저는 참 행복한 사람입니다. 겨레와 다음 아기에게 저흰 생부모님의 은혜를 잊지 않도록 가르칠 것입니다. 길러 주시지는 못했으나 아픔 속에서 유산하지 않으시고 낳아 주심이 얼마나 감사한지……. 그래서 저희 집에 오게 된 것을 꼭 일깨워 줄 것입니다. 겨레는 "아빠", "엄마", "아멘" 이렇게 세 마디를 참 잘합니다. 식사 기도할 땐 손을 모읍니다. 온 가족이 교회 가는 걸 참 좋아하고, 교회 노래를 참 좋아합니다. 사랑하는 겨레를 위해 멋진 동생이 오기를 기대하며 맞이할 준비를 합니다.

이제 저는 지금 하는 박사과정 등의 학업과 글 쓰고, 책 내는 작업 등을 조금 천천히 하더라도 아이들에게 충실하고자 합니다. 저는 그저 제가 믿는 하나님만 의지하고 이 일을 진행합니다. 저와 제 아내의 나이, 제 건강, 경제적인 여건으로는 도저히 감당 못 할 일을 하려 합니다.

셋째 아들 한가람(韓加濫)

"셋째 이름을 '한샘물'로 할까?" 하는데 막내 여동생이 좀 어색하다고 합니다. 아내도 어색하다고 하면서, "그냥 외자로 한 샘은 어떨까?" 하는데, 외자는 뭔가 좀 빠진 듯해서 아닌 것 같았습니다.

사실 저는 샘과 물을 참 좋아합니다. 샘은 작지만 쉼 없이 흘러나오는 물의 근원지라 좋고, 선생님을 줄인 말도 됩니다. 물은 제가 좋아하는 생명의 근원입니다. 우리 몸도 70% 이상이 물이라고 합니다. 우리도 태아 시기에는 물속에서 살았습니다. 그리고 샘물은 작지만 꾸준히 생명의 물을 양산해 내는 것 같아 좋습니다. '샘터찬물'이라는 신영복 선생님의 서도에세이 글샘도 기억납니다.

아무튼 아이 아름을 놓고 고민 중입니다. 아비의 사랑을 담아 귀한 이름을 지어 주고 싶습니다. 딸이 귀하다고 하니 아들일 것입니다. 제 딸은 한사랑이고, 아들이 한겨레입니다. '한마음', '한누리', '한하늘'……. 이 이름들은 제가 몸담는 학교 재학생들 이름입니다. 요즘 고운 이름들이 많습니다. 아내는 성서적인 이름을 짓자는데 제 성씨인 한(韓)으로 시작하는 이름이 좀처럼 떠오르지 않습니다. 저는 부르기 좋고, 듣기 좋고, 특징이 팍 떠오르는 이름이 좋은 것 같습니다. 제가 우리말과 글을 가르치는 샘이니만큼 이왕이면 우리말로 하렵니다.

이렇게 고민하던 중에 불현듯 떠오른 이름이 '가람'이었습니다. 샘물에서 메이지 말고 좀 더 물을 넓혀 보니 우리말로 강(江)을 뜻하는 '가람'이 생각났습니다. 좀 흔한 생각이 들지만 그런대로 성씨와 연결해도 무방하고, 부르고 기억하기도 좋을 것 같았습니다. 그리고 흔하다는 건 그만큼 화려하지 않아 부담이 적을 듯합니다. 그러면서 이왕이면 한자의 뜻도 덧붙이려고 합니다. 더하다 가(加), 넘치다 람(濫)으로 생명의 물이 흘러 흘러 넘쳐나기를 그래서 다른 이들에게도 생명력을 나눠 주면 좋을 것 같았습니다.

그러면서 언젠가 읽은 헤르만 헤세의 『싯다르타』를 떠올려 보았습니다. 이 책만큼 강(江)의 의미를 명료하게 드러낸 책도 없을 듯합니다. "그는 강물에게 쉴 새 없이 배웠다. 경청하는 법, 고요한 마음, 기다리는 영혼, 활짝 열린 영혼, 격정도 소원도 판단도 견해도 없이 귀를 기울이는 것을 배웠다." 강에 대한 시 중에서 제가 제일 좋아하는 시입니다.

강

− 도종환

가장 낮은 곳을 택하여 우리는 간다.
가장 더러운 것들을 싸안고 우리는 간다
너희는 우리를 천하다 하겠느냐
너희는 우리를 더럽다 하겠느냐
우리가 지나간 어느 기슭에 몰래 손을 씻는 사람들아
언제나 당신들보다 낮은 곳을 택하여 우리는 흐른다.

제가 좋아하는 말로 노자도덕경(老子道德經)의 '상선약수'(上善若水: 가장 좋은 것은 물과 같다)가 떠오릅니다. 저는 물을 참 좋아합니다. 올해 갑작스럽게 학교에서 제 업무용 책상 자리를 옮기게 되었는데, 바로 교무실 개수대(開水臺) 옆이라 참 좋습니다. 시편에 나오는 말씀대로 하나님께서 저를 쉴 만한 물가로 인도하신 것 같습니다. 가끔 흘러가는 강물에 온갖 시름을 흘려보내시고 새로운 강물의 흐름에 자신을 일치시켜 보는 것도 좋을 듯합니다. 강은 흘러가 버리는 것 같지만 항상 똑같은 모습대로 그 자리에 존재합니다.

　진리는 저 세상만이 아닌 이 세상을 긍정하면서 끊임없이 추구하는 것 같습니다. 그러기에 우리는 모두가 진리를 찾아가는 길에서 만난 도반이고요. 어렵지만 오늘 우리에게 주어진 학교와 가정을 사랑하면서 살아가기를 소망합니다.

아내에게서 편지를 받았어요

아내가 어머니학교라는 과정을 하면서 보내 준 편지입니다. 오랜만에 아내에게서 편지를 받고 기분 좋아서 곱게 곱게 간직하고 싶어서 남깁니다.

길고 긴 시간을 기다려 준 고마운 당신께

당신과 결혼해서 지금까지 살면서 감정표현에 미숙한 남자라고 속으로 원망도 참 많이 했었는데, 생각해 보니 저 또한 당신께 고맙다는 말, 사랑한다는 말 한번 제대로 표현하-지 못했던 여자였더군요. 무늬만 천사표인 제가 다른 사람들한테는 착하다는 소릴 들으면서 정작 천사가 돼 주어야 할 제 남편과 자식에게는 함부로 대했지요. 이제는 진심으로 용서를 구하고 싶어요.

언젠가 저도 이런 제가 싫어 당신에게 미안하다고 그랬더니 당신이 말했지요. "당신이 조용한 성격인데다 스트레스를 풀 곳이 없어서 그런 거니 나한테 풀어 버려. 나는 아무 상관없으니까." 하지만 왜 상관이 없겠어요. 제가 당신한테 얼마나 함부로 말하고 심하게 대하는지 제가 더 잘 알고 있는데……. 이런 제가 지난봄 어머니학교를 다니면서 부족한 저 자신을 뒤돌아보며 많은 걸 깨닫게 되었지요.

저는 성실과 책임감으로 똘똘 뭉친 분이셨지만, 어린 나이에 일찍 아버님을 잃으신 기억이 있는 친정아버지에게 칭찬은커녕 대화조차 제대로 나눠 본 기억도 없이 자랐지요. 그러다 보니 무척이나 낮은 자존감으로 자라나게 되었고, 이런 제 자신이 싫어 저조차도 저를 사랑하지 않게 되다 보니, 다른 사람을 사랑한다는 것이 어려웠던 것 같아요.

당신에게 죄가 있다면 이렇게 자존감이 낮고, 열등감 덩어리인 저를 사랑한 죄밖에는 없는데……. 연애 시절, 저는 또 얼마나 당신을 힘들게 했는지요. 저 자신이 자신감이 없어서 당신에게 제가 어울리지 않는다며 몇 번이나 헤어지자는 이별 통보를 했었지요. 그때마다 당신은 끝까지 저를 달래고 설득시켜 결국엔 지금 이 자리까지 오게 됐지요.

결혼 후, 저는 약간의 정리벽이 있기에, 어수선하게 늘어놓기가 주특기인 당신을 미워하기까지 했고, 매사에 높은 도덕적인 잣대로 당신을 정죄하고 판단하며 저의 옳음만을 주장했었지요. 무엇보다도 한 가정의 가장인 당신의 머리 위에 앉아 이래야 한다, 저래야 한다며 끊임없이 판단하고 지적하고 가르치려고만 했지요. 그렇게 저의 비뚤어진 잣대를 가지고서 당신의 날개를 꺾고 또 꺾어 왔지요.

저는 이번에 어머니학교를 통해서 저의 생각이 얼마나 심한 착각이었으며 좁은 시각이었는지를 깨닫게 되었지요. 또한 당신을 변화시키려 했던 제가 먼저 변해야 한다는 것을 알게 되었어요. 생각해 보면 당신에게 고마운 일들이 헤아릴 수조차 없이 많은데 저는 왜 이런 당신에게 서운하다며 저를 이해해 주기만을 바랐을까요.

우리의 결혼식이 있기 꼭 한 달 전, 생각하기조차 끔찍한 교통사고를 당해 무려 1년 반의 오랜 시간 병원 신세를 져야만 했지요. 그 당시 저의 온몸은 상처투성이였고, 심하게 다친 목뼈 때문에 전신마비가 될지도 모른다는 의사의 말에 저와 당신의 가슴은 철렁 내려앉았었지요. 그러나 얼마 후 목의 부상은 그다지 심하지 않은 것으로 판명이 나서 다행이었지만, 골반 부상과 머리와 다리의 수술로 꼼짝없이 침대에서 대소변 받아내는 생활 하기를 몇 개월…… 그때 당신은 대학원 공부와 취업 준비로 한창 바빴을 때였음에도 매일같이 병원으로 출근하다시피 찾아와 병원생활로 힘든 저를 기쁘게 해 주었지요. 그때 병원에 있던 간호사들은 물론 같은 병실 사람들이 당신을 보면서 사람 좋은 신랑감이라며 끊임없이 칭찬했던 기억이 나요. 그렇게 힘들고, 지루한 병원생활을 마칠 때까지 기다려 준 당신과 결혼식을 올리던 날, 친정 부모님은 몰래 눈물을 훔치셨고, 저 또한 고마움과 감동으로 인해 흐르는 눈물을 신부화장이 지워진다는 핑계로 애써 참았었지요.

그렇게 힘들게 결혼을 한 우리에게 시련은 거기서 끝나지 않았지요. 한 번의 유산 후에 얻게 된 아기가 갑작스럽게 찾아온 임신중독으로 인해 산모와 아이 둘 다 위험하다는 판단으로 급히 수술을 감행해야만 했지요. 그렇게 7개월 하루 만에 태어난 우리 사랑이 몸무게가 920그램밖에 되지 않아 '초극저체중미숙아'라는 이름표를 달고 신생아중환자실에 누워 있어야만 했고, 당신의 병원 출근은 또다시 시작되었지요.

당신은 신생아중환자실에 누워 있는 사랑이를 하루도 빠지지 않고

면회하러 가면서 이렇게 말했지요. "비록 우리 사랑이 저렇게 아파서 누워 있지만 엄마아빠가 가서 보는 것, 말하는 것을 다 보고 들어. 그러니 힘이 되어 주는 말로 '너를 사랑한다'는 말, '이렇게 힘든 상황에서도 잘 견뎌 주는 네가 고맙고 대견하다'는 말을 꼭 매일 들려줘야 한다." 당신의 말대로 사랑이는 작디작은 체구로 98일간의 힘든 병원 생활을 잘 견뎌냈지요.

제 삶에 있어서 바위같이 든든히 저를 지켜 주셨던 당신, 당신이 아니었더라면 과연 지금처럼 행복한 제가 있었을까요. 부족함과 허점투성이인 저를 있는 그대로 사랑해 준 당신, 길고 긴 시간을 기다려 저를 여기까지 오게 해 준 당신, 이러한 당신을 만난 것이 저에게는 큰 축복임을 믿으며 앞으로는 사랑만 하며 살겠노라고 조심스럽게 다짐해 봅니다.

제가 표현에 미숙하지만 마음만은 그렇지 않다는 거 아시죠? 늘 고마운 마음으로 살게요. 결혼 후에는 한 번도 하지 못한 말, 이렇게 지면으로나마 꺼내 봅니다. "여보, 부족한 저를 많이 기다려 줘서 고마워요. 사랑합니다."

2009년 10월 어느 멋진 날에
당신의 기다림으로 성숙해져 가는 아내로부터

저는 이 편지를 받고 또 얼마나 미안하고 고마웠는지 모릅니다. 잘 잊어 먹고, 덤벙거리고, 게으르고, 어지르기 대장이고, 돈에 대해선 까막눈입니다. 정리는 할 줄도 모르고……. 저는 아주 잘 압니다. 제 아내 아니면 누가 저 같은 사람과 살아 줄까요. 그런데 오히려 아내가 제게 고맙다고 하니까 더 미안하고 고마웠습니다. 저도 언제 기회 생기면 아버지학교나 남편학교 같은 데를 가야겠습니다.

제3부

구로섬돌야학에서
가르치던 보람과 추억

쇼펜하우어는 "기억을 더듬어 삶을 반추하는 일은 잘 쓰인 소설을 읽는 것과 마찬가지로 삶이라는 것이 무엇인지를 드러내어 보여 준다."는 말을 했습니다. 제 나이 42살이니, 중년기 초입으로 가끔 지난 시간들의 기억을 되새기곤 합니다. 후회막급한 일들과 아쉬운 선택들과 아련한 추억들을 떠올리면서 오래전 구로 섬돌 야학에서 가르치던 시절이 어제 일처럼 상념에 젖어들곤 합니다.

그리움
　　　　　　－ 이혜정

어스름 저녁 빛
숲 속 깊이 스며들면
꼭꼭 여미어둔 그리움
점점 덧칠하듯 짙어만 갑니다

밤을 지새운 하얀 달빛
흘리는 눈물 이슬 되어
수심에 젖은 여린 푸르름

목마름을 채워 주며
새벽 밤바람 재촉하니
은비늘 바다 달빛 토해내고
작아지는 별무리 옷섶 여미는데

귓가에 매달린 임의 情
재어보려 하지만
신열이 높아
지독한 열병 앓습니다.

저는 고등학교 졸업 후, 곧바로 대학에 진학하지 못하고 이리저리
헤매는 시간을 보내야만 했습니다. 대학에 진학하고자 재수학원도 다
녔지만 연이어 고배를 마시고는 포기하려는 마음에 공장에서 일도
하면서 지냈습니다. 그러다가 우연히 상록독서회 후배의 소개로 고려
대학교 의과대학 부속 구로병원 의사숙소에서 야간 경비 겸 전화교
환원이라는 시간제 근무를 하게 되었습니다. 그게 고등학교 졸업한
이후 5년이 지난 때이니 제 나이 25살이었습니다.

병원에서 먹고 자면서 안정감을 찾게 되면서 낮에는 인근 구로시
립도서관에 가서 닥치는 대로 책을 읽었습니다. 매일같이 아침 일찍
와서는 책을 보고 오후 5시 정도에 나갔습니다. 그러니 저는 직원 분
들과 같이 출근하고 퇴근하는 모습이었습니다. 그러다가 저를 눈여겨
본 사서 분의 소개로 졸지에 제가 올해의 모범 도서관 이용자로 선정
이 되어 수상도 하였습니다. 처음엔 그저 할 일이 없고, 갈 데 없고,
오라는 데 없어서 가게 된 도서관에서 좋은 책들을 많이 보고, 졸지
에 상까지 받고 보니 그런대로 괜찮았습니다.

그렇게 그저 욕심 없이 주어진 일에 열심히 하고 그저 책이나 읽으

면서 지내는데 고등학교 때 친구가 저를 만나러 도서관에 찾아왔습니다. 오랜만에 만난 친구와 이런저런 이야기를 나누다가 이 친구가 불쑥 제게 자기 생각을 조심스럽게 꺼냈습니다. 지금 저를 보면 너무도 안타깝다고, 굳게 마음먹고 공부해서 대학에 가면 좋겠다고요. 저는 대학에 여러 번 떨어지고 난 이후이고 이젠 대학이란 것에 큰 의미를 두지 않고 살려는 때라 마음은 고맙지만 깊이 듣지는 않았습니다. 그런데 이 친구는 아주 집요하게 저를 설득하려고 들었습니다. 저는 잘 산다는데 괜히 이 친구가 보기엔 제가 좀 안타깝게 느껴졌나 봅니다. 그 후에도 여러 번 도서관이나 제가 근무하는 병원으로 찾아와서는 설득했습니다.

그렇게 몇 달이 지난 어느 날 저는 쿨현듯 대학이라는 두 글자가 제 머릿속에서 떠나질 않았습니다. 대·⋯⋯학⋯⋯.

제가 나이 26살에 대학에 들어가면서 그게 참 감사한 마음에 뭔가 의미 있는 일을 하고 싶었습니다. 그렇게 작정하고는 찾다가 우연히 '구로섬돌야학'이라는 간판을 보게 되었습니다. 무작정 들어가서는 가르치는 일로 봉사하고 싶다고 하여 마침 새 학기를 준비하면서 비어 있는 대입검정고시반 사회과목을 맡게 되었습니다. 그게 1993년 2월이었습니다. 그때부터 어언 5년 정도를 일주일에 1-2회 가서 가르치면서 많은 걸 배우고, 느끼고 깨달았습니다.

오늘 문득 그때, 그 시절을 떠올려 봅니다. 그때, 그 시절의 열정과 보람을 되새겨 보고 싶은 마음에, 오랜 세월 간직해 온 추억을 되새겨 보고 싶은 마음에 그때 제가 받은 편지를 꺼내 보았습니다. 순간 아련한 추억의 끝자락을 펼치듯 오롯이 전해 오는 편지꾸러미를 한 번 정리해 보고 싶은 마음이 들었습니다.

아쉽게도 편지는 단 두 분의 것만 남아 있습니다. 허락을 받지 못하였기에 실명(實名)은 제 가슴속에 간직하고자 합니다. 하나는 한 통의 편지로 저보다 연상이셨던 학생님의 편지였고, 다른 하나는 하루가 멀다 하고 전해지던 엽서와 편지들입니다. 전혀 다른 색깔과 분량으로 다가오는 추억 속에서 저 자신의 20대의 열정을 되새겨 봅니다.

 한승진 선생님께

　안녕하세요. 날씨가 상당히 더워졌죠. 봄이 시작될 겨를도 없이 여름이 시작되려나 봅니다. 거리에 사람들이 더위에 지친 듯한 표정들이에요. 공부는 잘 되시는지요? 저는 마음만 그럴 뿐 잘 안되는 것 같아요.

　선생님, 그동안 고마웠습니다. 바쁜 시간에도 틈을 내어 저 혼자임에도 불구하고 도와주셔서 이번 시험에 결과가 좋았습니다. 진작 말씀드려야 했는데……. 뭐가 그리 바쁜지 그럴 시간이 없었군요.

　선생님, 힘드시죠. 학교 다니시랴 병원에서 일하시랴. 괜찮다고는 하시지만 잠이 모자라실 것 같아요. 사람은 수면을 충분히 취하고 쉬어야 한다는데 그럴 시간이 없으시죠. 선생님과 만난 지도 벌써 2년이 흘렀군요. 처음 뵈었을 땐 무뚝뚝한 표정이셔서 말하기 어려웠는데 시간이 흐르며 계속 접하게 되니 그렇지도 않더군요. 시간이 많으면 자주 이야기도 나누어야 하는데 그럴수록 정도 드는 것 같고요. 서로가 바쁘니까 그러지를 못하는군요. 그저 수업시간에만 빠끔히 뵐 수밖에요.

　선생님, 건강 조심하세요. 몸이 좋지 않으시다고 했는데 지금은 좀 어떠신지요. 아참, 그런데 왜 담배 피우세요. 전에는 안 피우셨던 것 같은데 요즈음에 피우시는 것 같으시던데 담배는 무척 몸에 해롭대요. 될 수 있으면 피우지 마시고 고민이 있으시거나 삶의 회의를 느끼셨을 땐 절친한 친구 분과 술 한잔 마시며 푸념처럼 힘겨운 얘기를 하세요. 그러면 기분이 한결 나아지실 거예요.

　선생님, 제가 너무 쓸데없는 얘기 하죠. 이만 줄일게요. 다음에 더 좋은 이야기 나누기로 하고요. 항상 건강하시기를⋯⋯.

구로섬돌야학 대검반 2년생 박현숙 올림

이 편지가 언제였는지 모르겠습니다. 아쉽게도 보내신 날짜가 없
고 봉투를 아무리 찾아도 나오지 않으니⋯⋯. 사실 이 편지를 보내신
학생님은 저보다 나이가 두 살이나 더 많으신 분이셨습니다. 편지를
보니 그때 기억이 새록새록 전해져 옵니다. 그야말로 선생과 학생이
1:1로 수업하면서 제가 아주 열정적으로 임했던 기억이 납니다. 다행
히 결과가 좋아서 저도 참 기뻤습니다. 그리고 지금도 아쉬움은 어느
주일 아침 결혼하신다고 제게 꼭 와 주십사 초대하셨는데 그 당시 교
육전도사 생활에 교회를 빠지고 결혼식에 갈 수 없는 여건이라 송구
함이 더했습니다. 야무지셨던 분이시니 열심히 잘 사실 것 같습니다.
아! 그때 제가 멋모르게 담배를 피웠나 봅니다. 조심스럽게 저를
위해 주시는 충고와 사랑이 더 정겹게 느껴집니다. 그래서 제가 담배
를 끊은 건지는 기억이 없습니다만⋯⋯.

 TO. 한승진

안녕하세요? 제가 갑자기 편지를 써서 놀라셨죠. 제가 말을 안 했죠. 제 취미가 편지 쓰기라는 것 말입니다. 제가 선생님 이름을 가장 먼저 외웠다는 거 알고 계셨죠? 선생님 이름은 참 깨끗한 느낌이에요. '한승진' 제가 위에 선생님 이름을 이상하게 썼죠? 특이하게 쓰려다가 그렇게 쓴 거예요. 이해해 주시겠죠? 이 편지지는 제 엽서를 확대 복사한 거예요. 그다지 예쁘지만은 않죠?

선생님 지금 '얘는 편지도 참 이상하게 쓴다.'라고 생각하셨죠? 선생님께는 처음이라 어떻게 써야 할지 몰라서 이렇게 특이하게 써 볼 거예요. 그리고 앞으로 편지 써서 드려도 되는지 허락도 받을 겸 해서요. 저 참 이상한 애죠? 너무 이상하게 생각하지 마시고 저 잘 봐주세요. 제가 선생님 좋아하는 거 아시죠? 가끔씩 전화해도 기쁘게 받아 주세요. 저는 고요마저 잠든 시간에는 외부와의 교류가 필요하거든요. 사정상 이만 줄일게요.

from. 이가 빠진 동그라미

p.s 너무나 어수선한 편지를 읽어 주셔서 감사합니다. 항상 열심히 생활하시는 모습이 너무 좋습니다. 건강하세요.

 TO. 한승진

하늘이 우울해서 배가 고픈 날입니다. 오늘 마음은, 기분은 맑습니까? 전 솔직히 제 편지를 받아 보는 사람의 기분을 알지 못합니다. 그래서 매일 씀에도 불구하고 매일같이 걱정스럽습니다. 제 편지 받으시면 기분이 어떠세요? 참 한심한 의문이죠? 전 저도 이해 못 하는 부분을 많이 지니고 있습니다. 어제는 선생님 강의를 아주 잘 들었습니다. 웃으시는 모습을 많이 뵐 수도 있었고요.

저는 요즘 '돈'이라는 것에 많은 시간을 투자해서 생각하고 있습니다. 아르바이트를 하기 전에는 있어도 그만, 없어도 그만이었는데 요즘은 돈을 너무 쉽게 생각하는 것 같아서 제 자신이 한심해 보이기까지 합니다. 결론이 나질 않는 난제겠죠. 어쩌면 이 세상 누구도 '돈'이라는 놈을 제대로 이해하는 사람은 없을 거예요(어쩌면 있을지도 모르지만요).

선생님께서 말씀하시는 걸 들으면 '어떻게 치우치지 않고 객관적으로만(때론 주관적으로) 말씀하실까'라는 의문 or 생각을 합니다. 기독교이시면서 타 종교를 좋게 말씀하시는 것이나 자신의 생각을 첨가시키지 않고서 말씀하시는 걸 보면 선생님의 마음이나 생각은 무척이나 넓고 깊다는 생각이 듭니다(절대 아부는 아닙니다. 아시죠?). 저는 객관적으로 판단해야 될 때도 지나치게 주관적으로 판단을 해서 상황을 흐리게 하는데 말입니다. 전 이런 면에서 선생님께 배워야 할 점들이 않습니다.

오늘은 섬돌에 못 오시죠? 전화를 했으면 합니다. 제가 밤에 전화할 수 있는 여건이 됐으면 하는 바람을 가져 봅니다. 선생님, 선생님께서는 제게 솔직하시죠? 전 솔직한 사람이 좋거든요. 제 편지가 지루해지는 날 제게 말씀하세요. 아셨죠? 하루 종일 하늘은 우울할 거예요. 오늘 선생님 기분이 좋으셨으면 합니다. 제 몫까지요. 오늘은 비가 오려고 합니다. 그럼.

일천구백구십사 년 사월 십오일 열시 이십 분
from. 이가 빠진 동그라미.

 TO. 한승진

　날씨가 따사롭습니다. 오늘은 유난히 머리가 복잡합니다. 비몽사몽으로 뛰어나와 시를 하나 사서 복잡한 전철 안에서 읽기만 했습니다. 오늘 제가 복잡한 이유는 48분이라는 황금보다 더 비싼 시간을 늦잠이라는 것으로 허비했기에 이렇게 복잡하고 정신없이 행동을 해야 했습니다. 기분을 느끼기에는 오늘은 제 자신이 여유가 없을 뿐더러 날씨도 봄볕이라 해야 더 어울립니다. 이 시각에 세상 사람들은 모두들 자신의 자리에 앉거나 서서 살아가고 있겠죠. 하지만 전 제자리가 어디에 있는지 있기는 한 것인지 잘 모르겠습니다.

　밤에는 오랫동안 안치환 씨의 '자유'라는 노래를 들었습니다. 테이프가 늘어났을지도 모르는 일이죠. 저도 그렇고 세상 사람들에게 어느 정도의 존재 가치가 있을까요? 솔직히 저라는 사람은 있어도, 없어도 그만인 그냥 그런 사람처럼 느껴질 때가 많습니다. 매일 밤 찾아드는 외로움을 누군가에게 전하기조차 말할 수도 없는 제 자신은 차라리 혼자 무인도에 떨어져 살아도 이보다는 덜 외로울 것 같습니다. 제 말이 좀 너무 이상한 부분이 많죠? 죄송합니다. 저조차 알지 못하는 제 자신의 문제를 저를 잘 모르시는 선생님께 전하는 제 자신이 너무 한심하고 선생님께 죄송한 느낌입니다.

　시력이 나빠지는 진행형입니다. 시력이 나빠져 감을 느낄 때마다 전 하늘이 멀게 느껴집니다. 아뇨 이젠 이런 얘기 그만할게요. 돈이란 놈에게 이젠 그다지 마음을 주지 않으려고 합니다. 그에게 마음을 준 후에는 그가 날 지배하려 들기 때문이죠. 돈이란 놈은 전 그래서 거리에 굴러다니는 헌 구두 취급하기로 했습니다. 하지만 그 헌 구두조차 귀하게 여기는 이들을 위해서 약간은 돈이란 놈의 가치를 생각은 해야겠죠.

요즘은 '책'이란 놈은 표지조차 구경하기가 힘이 듭니다. 신문과 주간지는 볼 시간이 있으면서 책 볼 시간이 없다는 말은 핑계에 지나지 않다는 걸 알고는 있습니다. 모르겠습니다. 요즘은 조용히 책을 읽을 시간이 없다는 듯한 느낌입니다. 마음의 여유가 없다고 해야 옳겠죠.

선생님께서는 짝사랑을 많이 해 보셨다고 하셨죠. 전 사랑이 뭔지 아직 모르지만 전 한번(짝사랑일지라도) 빠지면 헤어 나오질 못할 정도로 정신없이 생활을 한답니다(어린 나이에 벌써).

선생님과 언제 만나서 얘기를 해야 하는데 그죠? 시간이 되시면 만나고 되지 않으시면 제가 질문지를 우편으로 보내면 전화로 선생님께서 답해 주시는 것은 어떠세요? 너무 이상한가요? 글씨가 지나치게 엉망이죠? 오늘은 정신이 없어서 정리조차 못 한 상태에서 선생님께 글을 쓰게 됐습니다. 선생님께서 이해해 주시리라 믿고 저는 안심을 합니다. 저라는 사람이 어느 정도로 진실성 있게 보일는지는 잘 모르나 저는 '글'에 대해서는 솔직하다고 말할 수 있습니다. 항상 건강하시고 모든 일에 대해 긍정적이고 늘 행복한 모습으로 사시기를 바랍니다. 그럼.

일천구백구십사 년 사월 십팔일
오늘따라 정신없는 이가 빠진 동그라미

 TO. 한승진

  시계소리마저 소중하게 들리는 밤입니다. 안녕하십니까? 저는 무척이나 조용한 병원 복도에 앉아 어린아이들의 생존의지를 피부로 느끼고 있습니다. "엄마, 나 죽을 것 같아."라고 말하는 채 열 살도 되지 않은 어린아이의 말을 들으면서 저는 저라는 사람이 살아 있다는 자체만으로도 미안한 마음이 들었습니다. 머릿속은 일대의 혼란이 찾아왔습니다. 제가 지난 며칠 동안 저라는 사람의 실체에 대해 고민 고민했던 것들이 얼마나 같잖은 일이었던가를 생각하면 할수록 머릿속은 더욱 혼란스럽기만 합니다.

  항상 저는 저라는 사람이 대단하다고 생각해 왔던 것 같습니다. 그러나 생각해 보면 전 그다지 필요한 사람도 아니고 있어야만 하는 사람도 아닙니다. 이런 생각 역시 어쩌면 불필요한 것일지도 모르는 일이죠. 모르겠습니다. 아무것도 현재로서는 정리가 되질 않습니다. 가끔씩 전 세상이 저라는 사람을 이해하지 못함을 슬퍼한 적이 있습니다만, 모르겠습니다. 세상이 세상에 사는 사람을 몇 명이나 이해하고 있는지도 모르겠고.

  아무튼 요즘은 저라는 사람이 초라해 너무 슬픕니다. 병실 저쪽 편에 누워 있는 아이는 오래전부터 울고 있습니다. '무섭고 춥다' 하면서요. 그러나 그 울음소리마저 적막이 삼켜 버려 그 아이를 더욱더 힘들게 하는 것 같아 보입니다. 누군가에게 현재의 잡념들을 전해야겠지만……. 마땅히 전함의 목적이 생각나질 않아서 전화조차 걸지 못하겠습니다. 선생님께서 현재 혼란스런 저의 마음을 이해해 주실 수 있을지…….

저는 알 수가 없지만, 그래도 선생님께 편지라는 전달매체를 이용해서 이렇게 과거라는 현재의 시제를 미래에 계신 선생님께 전합니다. 가끔씩 전 운명이라는 것에 매달리고 싶은 한심한 생각을 할 때가 있습니다. 현실도피는 절대 아닙니다. 하지만 전 현실에 만족하지 못할 때마다 운명이라는 것을 떠올릴 수밖에 없습니다. 저 참 답답하죠? 지금까지 제가 한 소리마저 푸념에 불과하다는 것을 알면서도 이러는 제가 처량해 보입니다. 불쌍하기도 하고 시간이 지나면 잊히는 것들이 있겠죠. 그러나 현재 머리를 잡고 있는 모든 잡념들이 잊히기를 바라는 것은 아닙니다. 머리가 혼란스러운 것인지, 마음이 혼란스러운 것인지…… 알 수가 없으나, 만일 선생님께서 받아 보신다면 그냥 '그런 애도 있구나'라고 생각해 주세요.

모든 것들은 시간이 지나면 덜해지기 때문이죠. 선생님께서는 이 시간에 무얼 하시는지 무척 궁금합니다. 시간에 충실하신 선생님을 닮고 싶습니다. 전 그다지 시간에 충실한 것 같지는 않다고 생각이 들기 때문이죠. 노력은 하는 것 같기는 한데 말입니다.

가을밤이라 하늘이 높습니다. 가을을 가슴에 품고 싶습니다. 높은 마음을 지니고 싶어서인지도 모르고요. 저의 푸념들을 들어 주셔서 정말 감사합니다. 현재 쏟아놓은 말들이 있기에 마음은 조금 가벼워진 느낌입니다. 커피라도 마셔야겠습니다. 밤을 지새워야겠기에. 오늘도 열심히 생활하시길 바랍니다. 밤은 아름답습니다. 그럼.

일천구백구십사 년 시월 십칠일 공삼 시에
from. 이가 빠진 동그라미

 한승진 선생님께

마음이 가난한 사람들에게
- 정호승

슬픔의 가난한 나그네가 되소서
하늘의 별로서 슬픔을 노래하며
어디에서나 간절히 슬퍼할 수 있고
어디에서나 슬픔을 위로할 수 있는
슬픔의 가난한 나그네가 되소서
슬픔처럼 가난한 것 없을지라
가장 먼저 미래의 귀를 세우고
별을 보며 밤새도록 떠돌며 가소서
떠돌면서 슬픔을 노래하며 가소서
별 속에서 별을 보는 나그네 되어
꿈속에서 꿈을 보는 나그네 되어
오늘밤 어느 집 담벼락에 홀로 기대 보소서

　기쁘게 웃고 계시리라 믿고서 써 내려갑니다. 오늘 저는 뇌에 자극 주지 않는 일만을 하고 있습니다. 생각 없이, 본능적인 일들을 점심시간이 십 분이나 지났음에도(지금 막 들어오시네요).
　선생님께서는 식사하셨어요? 선생님께서는 어떤 종류의 음식을 주로 드시는지 궁금합니다. 저는 특별히 좋아하는 음식은 없습니다. 하지만 싫어하는 음식은 아주 많죠. 쇠고기, 닭고기, 돼지고기, 개고기, 오리고기, 물고기, 고기, 고기, 고기…… 지금 웃고 계셔도 할 수 없어요. 전 싫거든요. 소란, 소란, 소란…… 전 40대 남성들의 수다소리를 자주 듣습니다. 그다지 웃기지도 않는 일에도 '하하하! 하하!……'라는 식의 형식웃음 정말 이해 못 할 행동들이죠. 위의 글들이 조금(어쩌면 많이) 어수선한 이유는 중간 중간에 찾아온 손님들에게 차를 드려야했기에 그랬습니다.

어젯밤엔 이상한 꿈을 꾸었습니다. 꿈에 선생님께서 눈물을 흘리시는 모습을 뵈었습니다. 다른 때 같으면 전혀 생각나지 않는 꿈이 오늘 새벽에는 아주 생생하게 생각나는 것도 이상하고 선생님께서 나온 이유도 모르겠습니다. 어쩌면 선생님께서는 불쾌하실지도 모르는데 제가 이렇게 이상하게 생각을 해서 더 기분이 가라앉으시죠? 죄송합니다.

갑자기 제가 보낸 편지들이 선생님께 전해지지 않았을 거라는 느낌을 받았습니다. 바보 같죠? 전 역시 바보 같아요. 전 극도로 우울할 때 더 바보같이 웃습니다. 그러면 기분이 나아지는 것도 아니면서 저는 습관처럼 그냥 그렇게 웃고 떠들기만 합니다. 시력이 무척 나빠짐을 느낍니다. 눈이 아프기도 하고……. 동봉한 시는 저의 낙서장에 첫장을 복사한 것입니다. 제 시는 아니고 정호승 씨의 시를 적어 놓은 거죠. 좋은 시라서 동봉합니다. 선생님께 오늘은 전화를 해야겠습니다. 목소리를 듣고 싶기도 하고, 선생님과 미팅을 하려면 날짜를 잡아야 하니까요.

이제 저는 심부름을 가야 합니다. 더 오래도록 선생님과 대화를 나누고 싶지만 시간은 허락하지 않네요. 항상 건강하세요. 그럼 오늘은 태양이 지지 않을 것 같죠?

일천백구십사 년 시월 십구일 십삼 시 사십오 분
이가 빠진 동그라미

 TO. ㅎㅅㅈ

　사람이 사람에게 어느 정도 진실할 수 있을까요? 이런 문제를 생각하면 두려움과 세상 사람들에게 미안한 마음이 앞서 결론을 내릴 수가 없습니다. 전 제 자신이 결여되어 있는 듯해서 무척 실망이 큽니다. 도대체 어떤 모습이 진실한 사람의 실체일까요? 모르겠습니다. 전 순수하고 싶지만 그것이 마음대로 되는 것이 아니기에 더욱더 실망이 큽니다. 저라는 사람을 전 잘 모르겠습니다. 그래서 죄인의 눈으로 평가됨을 알고 싶어 하는 것도 이 때문입니다. 꼭! 평가됨을 바라는 것은 결코 아닙니다. 단지 객관적인 측면을 무시해서는 안 되겠기에~~~

　전 정말 바보 같은 생각만 하죠? 글씨가 엉망이죠? 요즘엔 글씨를 잘 쓰는 것보다 어떤 글을 쓰느냐를 여기기 때문입니다. 저라는 사람을 바라보시기만 해도 답답하고 이해하기가 힘드시죠? 전 저도 답답하게 생각하는 사람입니다. 오늘은 오늘이라 느낌입니다.

1994년 어느 날에

이가 빠진 동그라미

 한승진 선생님께

이십 평 정도의 공간에 혼자 앉아서 글을 쓰고 있습니다. 아침 햇살이 밝죠? 안녕하십니까?(말의 앞뒤가 맞지 않죠?) 어제는 우울하기만 했습니다. 아침의 기분 좋음은 금세 사라졌죠. 감정이라는 것을 지나치게 과대평가하는 제가 전 싫습니다 아침에서 시간은 정오로 흘러 버렸습니다. 하루가 이처럼 빠르게 흐르는 것을 전 무척이나 무감각하게 받아들이고 있습니다. 오늘 오전 중에 제가 좋아했던 (서울여상)선배에게서 엽서 한 장이 제게 날아왔습니다. 대입고시를 준비 중인 선배가 없는 시간을 쪼개어 제게 주었다는 사실 하나만으로도 전 무척이나 기분이 좋습니다.

인간은 배가 부르면 나태해진다고 들었습니다. 솔직히 저는 이에 긍정적인 생각을 가지고 있습니다. 요즘 전 점심시간이 싫음에도 불구하고 타의에 의해서 점심시간을 챙겨 먹고 있습니다. 저 한심스럽죠?

오늘은 어제와 내일의 사이에 있는 다리에 불과합니다. 어제 선생님을 뵈었고 내일도 뵙겠죠. 그러니 오늘은 덩달아 그 시간 사이에 끼는 날이죠. 말이 좀 안 되죠? 누군가에게서 소식을 기다리는 것은 그다지 조급하지도 않으면서 애가 타는 이유를 모르겠습니까. 저는 누군가에게서 올 소식을 기다립니다. 그것이 편지일 수도 있고 아니면 우연한 만남일 수도 있죠. 솔직히 막연한 저의 상상력일 수도 있습니다. 선생님께서도 이런 류의 상상을 해보신 적이 있으세요?

 TO. 한승진

　아침 새소리마저 반갑게 느껴지는 시간입니다. 안녕하시죠? 고대에 일찍 와서 일 다 하고 커피 한잔과 시간의 여유를 느끼고 있습니다. 제가 여유를 부리는 이 시간에 선생님께서는 버스 안에서 신문을 읽고 계시겠군요.

　요즘은 하는 일의 양에 비해 너무 몸이 말을 듣지 않는다는 것이 문제입니다. 조금만 피곤하다 느끼면 정신까지 팔아 버릴 지경이니까요 요즘은 밤마다 컴퓨터와 씨름을 하고 있습니다. 컴퓨터와 친해지는 것도 목적이나 좀 더 컴퓨터를 알기 위해서입니다. 어제 섬돌에는 '청년회' 소속 선생님께서 오셔서 근로기준법에 대한 얘기를 해주셨습니다. 승훈이와 저만 특별히 소속된 근로자가 아니라는 것을 알았죠. 전 그 같은 강의를 들으면서도 제가 노동자들을 잘 모르는데 어떻게 그런 형식적인 이론만을 이해할 수 있을까 하는 의문을 가지게 되었습니다.

　전 섬돌의 많은 노동자들은 잘 모르겠습니다. 제가 그들처럼 노동자가 된다는 보장도 없기에 제가 그들을 이해한다는 것은 저의 이기에 불과하다고 생각합니다. 가끔씩 섬돌에 계시는 분들께서 제가 당돌한 얘기를 할 적에 미간을 찌푸리는 것을 자주 보게 됩니다. 제가 그들을 무시하거나 싫어해서 그 같은 말을 하는 것은 결코 아닌데 그들이 그러시는 것을 볼 때면 약간은 섭섭하기도 하고 이해해 드리지 못하는 제 자신이 싫어지기도 합니다.

　말이 좀 많이 어수선하죠? 23일엔 보라매공원에서 체육대회를 했었습니다. 제가 MVP를 타는 이변도 있었고요. 성 이냐시오 야학에서 하는 일일호프도 갔었죠. 선생님 생각이 긇이 났어요(갑자기 웬 아부? 이렇게 생각하셨죠?). 전 선생님께서 섬돌인과 함께(공부제외) 무언가를 하시는 것을 뵌 적이 없거든요. 다음 섬돌일일 찻집 때는 선생님 모습을 봤으면 합니다. 선생님께 요즘 전화를 드리고 싶어도 여건이 되질 않아서 드리지 못하고 있습니다.

오늘(25일-화)은 선생님을 섬돌에서 뵐 수가 있겠네요. 짧은 시간이라도 선생님께서 섬돌에 계시는 모습이 전 좋습니다. 날씨가 너무 맑으니 오늘은 기분이 좋으리라 믿고 생활을 하려 합니다. 선생님께서도 오늘은 기분 좋은 날이시기를 바랍니다. 건강하세요.

일천구백구십사 년 사월 이십오일(9시 15분)

from. 이가 빠진 동그라미
p.s 제가 섬돌소식지에 선생님 얘기를 좀 이상하게 써도 이해해 주세요. 꼭! 이해해 주시리라 믿습니다.

 TO. 한승진 선생님께

　가을바람이 불어와 사무실을 흔들게 합니다. 어젯밤 선생님께 전화를 걸어서 하려고 했던 말은 꺼내지 못했습니다. 제가 선생님께 하려고 했던 말은 그다지 특별한 말은 아니고 제 고민이라고 해야 하나, 암튼 그 고민이 무엇이냐며는요. 제가 지나치게 비판적이라는 거예요. 좋은 것과 싫은 것의 구분도 명확하고 싫은 것에 대한 적대감은 아주 크다는 것입니다. 한쪽으로 치우치지 말아야지라는 생각은 하면서도 한쪽으로 치우치는 제 자신을 전 이해하지 못하겠습니다. 솔직히 이런 성격을 가지고 있는 제 자신이 싫으면서도 전 고치려고 그다지 노력조차 하질 않습니다.

　작년 12월에 하늘나라로 간 제 친구가 중학교 졸업식 날 제게 써주었던 글에 '너는 비판적이어서 좋아'라고 했었거든요. 항상 제 자신이 비판적이어서 주위 사람들에게 말을 많이 들어 왔었는데 그 애만은 저를 좋게 봐주었다는 것이 너무 좋아 아직까지 그것을 잊지 못해 고치지 않는 것일지도 모릅니다. 솔직히 전 제 자신을 객관적으로 직시하는 눈을 지니지 못해서 잘 모르겠습니다. 어떻게든 좋은 쪽으로 생각해야겠죠. 그죠?

　가을비가 내렸으면 좋겠습니다. 오늘같이 날씨가 좋은 날 이 같은 생각을 하는 제가 얼마나 이상한가는 잘 알고 있습니다. 하지만 괜스레 기분을 내고 싶다는 욕심에 가을비를 맞고 싶다는 욕심을 부려 보았습니다. 오늘은 신문보급소에 찾아가 볼 생각입니다. 사정상 미뤄 오다가 이제야 가게 된 거죠. 오늘은 꼭 가야죠. 은행도 들르고 그리고 섬돌도……

선생님께서 요즘 학교, 교회 일 때문어 고민이 있으시다고 하셨죠. 제가 뭐 하나 여쭤 봐도 돼요? 선생님께서는 고민이 있으시면 어떻게 해결하세요? 술?(죄송합니다. 너무 이상했죠?) 잠? 거리를 배회하시는 거요? 정말 궁금합니다. 어제 TV에서 어떤 사법고시 합격자 중에 초등학교 중퇴한 女子가 있다고 했습니다. 정말 존경할 만한 사람이죠. 인간성이야 제가 잘 모르지만 그 노력만은 존경해 볼 만큼 대단하다고 생각합니다.

선생님! 선생님께는 제가 '선생님'이라고 불러 드리는 것에 불만 같은 것을 생각해 보신 적이 없으세요? '오빠'라든가 '형'이라든가……. 암튼 다른 명사가 맘에 드세요?(좀 엉뚱한 질문이었죠?)

오늘 아침에는 시간이 남아서 신문을 다 읽었습니다. 경제면은 거의 읽지 않지만요. 전 경제면은 피부로 느끼지 못해서인지는 몰라도 그다지 관심이 기울어지지 않습니다. 예전에는 경제면을 읽었지만 현재는 상고를 다니지 않기에 꼭 읽어야 하는 필요를 느끼지 못하는지도 모르겠습니다. 오늘은 이래저래 한가합니다. 선생님께 우편으로 편지를 쓰고서 다른 글로 쓸 시간이 있을 정도로요. 오늘은 선생님을 뵐 수 있겠네요. 오늘 수업은 어떨까 하는 기대를 해 봅니다. 선생님 수업은 솔직하셔서 제게는 무척이나 많은 도움이 됩니다. 오늘 날씨를 모두 모아 선생님과 누리고 싶습니다. 건강하세요. 행복하시고요.

1994. 10. 28.

from. 이가 빠진 동그라미

p.s. 오늘은 하루 종일 기쁨으로 가득하세요. 제 몫까지요.

 TO. 한승진

　그제, 어제 그리고 오늘, 우울하고 슬퍼서 전 아무 일도 할 수가 없
었습니다. 선생님께서도 느껴 보았을지도 모르는 우울함이 절 무척이
나 힘들게 했죠. 아침에 집에서 나올 적에 무척이나 날씨가 쌀쌀함을
느꼈습니다. 제가 섬돌에 발을 디딜 때는 여름이 시작되는 계절이었
는데 벌써 겨울이 시작되려 합니다. 시간의 흐름을 아쉬워하는 것이
아니라 겨울이 다가옴을 모든 표피 세포로 느끼고 있다는 것이 괜스
레 슬픕니다.

　사람과 사람 사이에는 어느 정도의 믿음이라는 것이 존재하고 있
을까요? 사람 사이의 사랑이라는 것의 믿음은 얼마만큼이고요. 도대
체 사람들은 어떤 확신을 갖고 그렇게 사는지 모르겠어요. 전 그다지
믿을 만한 사람은 될 수가 없습니다. 예전에 선생님께서 말씀하셨듯
이 전 수십 개의 가면을 가지고 있으니까요. 절 믿어서 손해나 피해
를 보는 사람들에게 미안한 마음뿐입니다.

　현재 시각은 마지막 '마지막'이라는 단어는 절 무척이나 슬프게 합
니다. 언제나 마지막은 슬픈 느낌을 낳죠. 이제는 1994년의 10월은 다
시 찾아오지 않겠죠. 괜스레 슬프네요. 전 '끝이 보이면 죽을 것이다'
라는 말을 가끔 합니다. 지금도 이 말을 하고 있죠. 아무것도 느낄 수
없는 그 끝이 찾아오면 전 또 다른 세상을 찾아가겠죠. 아~!!! 솔직히
전 그다지 죽음에 대해 깊이 생각해 본 적이 없습니다. 순간적 아님
충동적으로 도피하고 싶은 수단으로 생각해 본 적은 있어도 말입니다.

　손이 얼음같이 차게만 느껴집니다. 전 사람이 정온동물이라는 것
에 의문을 가질 때가 종종 있습니다. 특히 요즘처럼 손이 차게 느껴

질 때는 더욱 말입니다. 전 사람이 변온동물이라고 생각하고 있는지도 모르겠습니다. 바보 같은 의문들 정말 전 바보스럽기만 합니다. 나이도 어린 게 '난 늙었어'라는 말을 자주 하고 말입니다. 어젯밤에는 누군가에게서 연락이 오기를 바랐지만 아무에게서도 연락은 오지 않았습니다. 외롭고 추운 것은 동격이겠죠? 너무 춥네요. 선생님을 닮고 싶은 생각을 오늘 역시 해 봅니다. 선생님처럼 살고 싶습니다. 모든 시간 시간에 충실하며……

선생님께서 뛰어다니실 이 시간에 전 의자에 등을 기대고 앉아서 '글'이라는 걸 쓰고 있죠. '글'을 쓰는 것조차 세상에 부끄럽게 느껴지네요. 이제는 더욱더 열심히 살아야죠. 그리곤 전 지난날의 부끄러움들을 잊어버리고 더욱 당당하게 살아야겠습니다. 절 믿어 주시겠어요? 선생님처럼(아니 반만이라도) 살그 싶습니다.

이 시간에 선생님께 표류를 신청합니다. 마음만으로 가능한 '건강하시고, 행복하시고, 웃음 잊지 마세요' 교신 끝. 안녕하시길 바랍니다.

1994년 10월의 마지막 가을 아침에

이가 빠진 동그라미

p.s. 가끔씩 제 생각 해 주세요. 그냥 가끔만요.

"모든 걸 아무런 담보 없는 미래에만 맡겨 두고 현실을 메마르게 죽여 가는 것, 남들은 꼭 그렇게 사는 것 같지는 않은데 얼마든지 삶을 즐기면서도 미래를 준비해 가던데……. 그래 다 늙어 버린 뒤에 있은들 뭐가 있단 말이야? 왜 그 불확실한 행복 때문에 이 젊은 날을 희생해야 돼?"-추락하는 것은 날개가 있다-

 TO. 한승진 선생님께

    가을입니다. 가을 분위기와 조금 비슷한 붉은색 펜을 잡아 보았으나 그다지 가을 분위기는 나질 않는군요. 어제 탐방은 정말 유익했습니다. 전 선생님과 얘기하는 것이 무척이나 좋습니다. 물론 선생님께서는 어떠실지 모르지만 세상에 선생님이라는 의미가 있어서 저는 무척 좋습니다.

    선생님은 어떠실지 모르지만 선생님은 제가 뵙기에는 무척이나 매력적이십니다. 열심히 사시는 모습 하나만으로도 충분히요. 오늘은 ±이나 그다지 즐겁지가 않네요. 기분이라 그런가 봐요. 그럼.

일천구백구십사 년 시월 이십이일
이가 빠진 동그라미

TO. ㅎㅅㅈ

겨울이 다가옴은 새벽공기 속에서 느끼고 있습니다. 안녕하시죠? '비창'이라는 베토벤 소나타를 듣고 있습니다. 가는 가을을 두 손으로 부여잡고서 울고만 싶습니다. 가을은 남자의 계절이라고 누군가가 그러더군요. 여성스러움이 결여되어서인지 전 유난히 가을을 타는 것 같습니다. 선생님을 탐방(?)하고서 썼던 글들이 공중에 떴습니다. 김성식 선생님께서 디스켓이 든 가방을 잃어버리셨다고 하셨습니다. 며칠 밤을 새 가며 쳤던 글들이 모두 사라져 가고 있는 느낌입니다. 글의 원본까지 잃어버리셨다 하니 정말 현재의 기분은 말로 표현 못 할 슬픔입니다.

요즘 들어 시간관념을 잃어 가고 있습니다. 인제 하루가 오고 가는지 모를 정도로 시간이 빠르게만 느껴집니다. 가는 가을을 곁에 두고서 선생님은 옛 연인을 생각하시는지……. 아님, 무언가를 그리워하시는지……. 아님??

전 가는 가을에 저의 슬픔들을 띄워 보내려고 합니다. 슬픔 같지도 않은 슬픔을 저만치에 놓고서 남의 것인 양 바라보는 연습을 하고 있죠. 저희 한국일보 가리봉지국에서 저와 같이 언론계에 종사하는(?) 음악가 지망생(19세)이 있습니다. 좀 친해지면 섬돌로 반강제적이게 (협박을 섞어 가며) 끌고 갈 예정입니다. 열심히 노력하면서 사는 친구같이 보이는 좋은 애인 것 같아요.

전 아무래도 인복이 있나 봐요. 고려대에서도 전 월급을 다른 아르바이트생들보다 많이 받았었는데 이곳에서도 지국장님이 더 주신다 하시니 정말(돈에 관한 것이라 치사한 감이 없지 않아 있지만) 고마워

해야 할 일이죠. 후에 보시게 되겠지만 요즘 전 손목시계를 3개나 차고 다닙니다. 한 개의 시계로는 도저히 잠을 깰 수가 없기에 10분씩 차이를 두고서 대충 순서 없이 차고 있다가 눈에 먼저 띄는 시계를 보고서 일어나죠. 효과가 전혀 없어 보이지만 그 효과는 말로 표현할 수조차 없습니다.

　사람이란 간사한 동물이라 그런지 몰라도 환경에 적응력이 대단하다고 느낍니다. 처음에는 엄두도 나지 않았던 배달일이 이제는 아주 기분 좋은 일로 다가오니 말입니다. 위가 약해서인지 요즘은 약을 아주 많이 먹습니다. 얼마간 안 먹던 약도 많이 먹죠. 두통약에서 소화제까지. 잠을 시간에 맞춰 자질 않아서 하루 종일 머리가 속에서 밀어내는 듯이 아프답니다. 이번 돌아오는 월요일부터 혼자 신문을 돌립니다. 건설회사도 무심하지, 왜 집들이 비슷비슷하도록 건설을 하는 건지……. 잘할 거라는 믿음을 키워야죠. 선생님께서 믿어 주시면 전 잘 할 수 있을 거예요. 글씨가 엉망임을 용서해 주세요. 건강하시고, 행복하시고 늘 웃음 잊지 마세요. 그럼 하늘은 보랏빛?!!!

1994. 11. 5.

from. 이가 빠진 동그라미
　p.s. 하루 종일 비가 올 수 있게 주문이라도 외워야겠습니다. 마지
　　　막 가을비를 위해…… 도와서 기도 좀 해 주시면?!!!

TO. ㅎㅅㅈ

　오늘은 친구와 하루 종일 종로를 걸어 다녔습니다. 수많은 얘기를 나누었으나 기억에 남아 있는 것은 없습니다. 흘러간 시간을 아깝게 생각하는 것은 결코 아닙니다. 단지 저라는 사람에게 실망을 했다는 것입니다. 항상 깨어 있는, 살아 있는 시간을 보내려고 하지만 후에 생각해 보면 도저히 깨어 있는, 살아 있는 시간을 보냈다고는 할 수가 없습니다. 전 정말 한심하죠?

　인간관계 중에서 남녀의 관계만큼 명확하게 규정짓지 못하는 관계는 없는 듯합니다. 솔직히 어린 제가 이런(제 자신은 그렇게 생각하지 않으나 주위에서 어리다고 하시더라고요) 문제를 논하려고 하면 당돌하다 해야겠죠? 전 이왕 사귀려면 여러 종류의 인간(?)을 사귀어 봐야 한다는 생각을 가지고 있습니다. 한쪽만 알면 다른 한쪽은 백지상태가 되니까요. 저도 잘 모르겠네요.

　요즘 신문배달 열심히 하고 있습니다. 선생님은 제게(농담인지는 잘 모르나) 편지를 쓰지 않으신다고 웃음으로 말씀하셨죠? 정말 그러시면 제가 선생님을 알 길이 없지 않겠습니까? 그러니 글을 제게 써 주신다면 전 정말 기분이 좋을 겁니다.

　1994. 11. 9. 23시
　from. 이가 빠진 동그라미

 TO. 한승진

　한동안 정신없이 지낸다는 핑계로 글이라는 것에 시간을 투자하진 못했습니다. 그동안 제 편지가 기다려졌었다면 하는 마음으로 94. 11. 17. 17시에 소식 전하기를 시작합니다. 새벽에 선생님과 통화를 하고서 아주 기쁜 마음으로 거리를 정해진 거리이긴 하지만 배회했습니다. 점점 표현이 이상해지는군요.

　스피커에서 베토벤의 '비창'이 흘러나와 고막을 깨웁니다. 오늘은 정말 정신이 없었습니다. 시간적 여유가 없었던 것은 아닌데 마음과 뇌는 무언가에 홀리어(?) 정신이 없었다고밖에는 말할 수가 없어요. 가끔씩 아니 아주 자주자주 전 현재의 제 모습이 제가 아닌 것 같게만 느껴져서 놀랄 때가 있습니다. 제가 꿈꾸어 왔던 전 이런 모습이 아니었던 것 같은데…… 하면서요. 선생님은 이런 느낌을 받으신 적이 없으세요?

　전 가끔 어떤 사람과 대화를 나눌 때 "왜 사세요?"란 질문을 합니다. 이 질문을 선생님께 하지 않는 이유는 글쎄요. 아마도 선생님께서는 이건 난제라서……라든가 아니면 명확한 답변을 해 주실 것 같기 때문이죠. 이 문제의 답을 전 제가 찾아내고 싶거든요. 하지만 찾을 수 있는지는 의문이에요.

　저는 선생님께 글을 쓰면서 글씨가 엉망이라 늘 죄송한 마음이에요. 신경을 쓰면 조금은 더 잘 쓸 수는 있는데 선생님께 글을 쓸 때는 생각들이 먼저 튀어나와서 글씨에 신경을 거의 못 쓰거든요. 쓰고 나니 말도 이상하고 글씨도 이상하네요.

　예전에 저희 녹양(서클) 애들과 있을 적에는 많은 얘기들을 했었어요. 생각하는 것과 생활환경(학교 내에서는)이 비슷해서 어떤 주제를 놓고도 토론을 자주자주 했죠. 하지만 현재 섬돌에서는 그같이 할 수가 없어요. 선생님께서도 아시다시피 생각하는 방식(?)과 생활환경이 그리고 자라 온 환경이 차이가 나고 나이 차이도 나서 그 같은 토론을 할 수가 없어요. 물론 다른 것(예를 들어 임금이나 시장 내의 물가 등등)에 관한 얘기들은 종종(주로 듣기만) 합니다. 전 요즘 '살아야지!'라는 생각을 아니 말을 속으로 많이 합니다. 제 자신을 열심히 살도록 세뇌시키려는 얇은(?) 생각에서죠. 저 참 이상하죠? 그렇죠?

달력을 보니 오늘이 음력 10월 15일 보름입니다. 어쩐지 오늘 새벽엔 달이 아주 밝더라고요. 오늘 새벽엔 좀 환한 느낌이어서인지는 몰라도 거리가 밝아 일이 수월했거든요. 제가 이 얘기를 선생님께 했었나? 전 승훈이 누나랑 예전에 좀 괴상한(?), 엉뚱한(?) 얘기를 많이 했었어요. 그중에서 직업얘기를 했었는데 원기(승훈이 누나)와 전 '절대 돈 버는 직업은 갖지 말자'라고 맹세(지금 생각으론 '맹세'보다 '약속'이라고 하고 싶네요. 군인도 아니면서……)를 했었죠.

전 제 자신도 변하면서, 남들이 변하는 것이 무척 슬픕니다. 변한다는 것은 어쩌면 좋은 것일 수는 있지만, 잘 모르겠어요. 전 그다지 좋지는 않거든요.

시간이 섬돌에 갈 시간이라고 알려 주는군요. 넉넉한 시간이긴 하지만 식구들이 와서 소란할 때, 가는 것보다는 일찍(바람도 쐴 겸) 가려고 합니다. 내일 뵐 수 있겠네요. 편지는 후에 선생님께 전해지겠고……. 건강하시고, 행복하시고, 웃음을 늘 간직하시길……. 겨울은 겨울이라 외롭지만 아름답게 느껴지기도 해요. 그죠?

1994년 11월 17일(음 10월 15일)

from. ♡이 이가 빠진 동그라미

 TO. 한승진

　창문 틈으로 겨울 냄새가 풍겨 오는 밤입니다. 선생님께서 이 시간에 무얼 하고 계실지요……. 하루하루가 빠르게 지나가는 필름처럼 하루 일과 중 몇 가지만 생각이 나고 도무지 생각나지 않는 것들뿐입니다.

　오늘 저는 누군가로부터 떠나간다는 말을 전해 들었습니다. 여행을 가는 것도 다른 세상으로 가는 것도 아니면서 그는 저에게 떠난다고 하면서 가 버렸습니다. 이 말을 들을 때는 그를 이해할 수 있을 것 같았지만 현재는 전혀 그가 왜 그러는 건지 모르겠습니다. 제가 짐이 되었던 것인지……. 아님…….

　요즘은 제가 알지 못하는 일들이 제 주변에서 일어나서 뛰어다니고 있는 듯합니다. 제가 말씀을 드렸나요? 저희 한국일보 가리봉지국에 19세 음악가 지망생이 있다는 것을요. 오늘 새벽에 그 학생을 봤죠. 저 혼자 배달하기 시작하면서 거의 마주칠 기회가 없었는데 오늘 새벽엔 엇비슷하게 와서 같이 신문을 옮겼었죠. 말을 많이 해 본 것은 아닌데(시골스럽긴 해도) 착한 것 같아서 친해지면 야학에 다닐 수 있었으면 하는 바람이에요.

　현재 시각은 24시가 가까워 오는 시각이죠. 지금 선생님께 전화를 걸까, 말까 하는 생각을 하고 있습니다. 오늘은 섬돌 수업을 2교시밖에 하지 않아서 집에 일찍 들어와서 현재는 특별한 일 없이 한가하거든요. 벌써 시각은 2분을 넘어 02분으로 달려가고 있습니다. 드디어 11월 22일(소설)이 밝아 오고 있군요(밝아 온다는 표현이 좀 어색하죠?).

　오늘 지하철 2호선이 사고로 운행이 정지되어 버스를 타고 왔죠.

집으로 걸어오는데 시간이 이른(?) 시간이어선지는 몰라도 사람이 꽤 많이 놀이터에서 앉아 있더라고요. 전 놀이터에 간 지가 좀 오래되어서인지는 몰라도 놀이터에 가는 것이 그다지 좋지 않아 잘 가질 않는 편이거든요. 춥다는 느낌이 들어서 커피를(편지 쓰는 도중에) 타 가지고 왔습니다. 커피향이 좋습니다. 맛은 어떨지 아직 모르나 향이 너무 좋아서 편지지에 스며들기를 바랄 정도입니다.

친구에게서 몹시 아프다는 전화가 왔습니다. 어떻게 위로해 주어야 할지를 몰라서 많이 먹고 많이 자라고만 했습니다. 이런 말밖에 해 주지 못하는 제가 싫습니다. 바보 같고……. 편지를 쓰면 거의 전해 주려고 노력을 하나, 전해 주지 못하는 경우가 10번 중 3번 정도는 됩니다. 책상 저 밑으로 싸여 있는 전해 주지 못한 편지를…… 너무 늦어서 다시 전해 주기도, 버리기도 그렇고 마음만 착잡할 뿐입니다.

오늘 밤에는 무엇을 할까 생각을 해야겠습니다. 책을 읽기로 단숨에 결정을 내렸습니다. 제가 너무 빨리 결정을 내린 것 같죠? 이것이 편지의 모순(?) 아니 단점입니다. 앞 문장과 뒤 문장을 쓰는 데 걸린 차이 시간이 있었죠. 선생님께선 오늘 밤 주무셔야 돼요. 내일을 위해서 감기가 뚝! 그쳐야죠. 표현이 날로 이상해져 가는 군요. 이만 줄일까 합니다. 바삐 무언가를 해야 한다는 느낌이 들어서요. 건강 조심하세요. 웃음 잊지 마시고요. 그럼.

1994. 11. 22.(소설) 01시를 밝히기 위한 시간
이가 빠진 동그라미
p.s. 건강, 건강 조심. 건강 조심하세요.

 편지를 받고나서

저는 하루가 멀다 하고 전해져 온 편지와 엽서를 받아 보았습니다. 제 인생에 이렇게 한 사람으로부터 꾸준히 편지와 엽서와 전화를 받은 적은 없었습니다. 아마 앞으로도 없을 것 같습니다.

편지는 맘과 맘이 부딪치는 소리를 내는 것인데 어찌하다 보니 저만 받고는, 단 한 번도 답신을 보내지 않았던 것 같습니다. 왜 그랬는지는 잘 모르겠습니다만 아마 그땐, 그게 최선이었을 것 같습니다. 그저 자신의 삶과 맘을 꾸밈없이 전하고 싶은 걸, 그냥 그렇게 받아만 주는 것도 고운 사랑이리라 여겼습니다.

자칫 답신이라는 것으로 보내는 이의 삶을 흩트려 놓지나 않을까? 이러쿵저러쿵 선생이라는 굴레로 어색한 평을 할 것만 같은 꺼려짐도 있었던 것 같습니다. 그리고 그땐 글이란 걸 잘 쓰지 못하기에 글을 쓴다는 게 여간 부담스럽지 않았던 것 같습니다. 다행히 단 한 번의 답신도 없는 편지에도 꾸준히 보내 준 것에 그저 고마울 뿐입니다. 그래도 16년 정도가 지난 지금까지 편지를 간직하고 있고 이를 정리하는 것으로 미안함과 고마운 마음을 전해 봅니다.

지금은 어느 하늘 아래서 뭘 하고 사는지 궁금합니다. 당시 어린 나이로 신문 배달도 하고, 사무실 잔심부름 같은 아르바이트를 해 가면서 열심히 살면서 야학에 나오던 당찬 소녀였습니다. 그 열정과 투지가 오늘은 어떤 모습일지 궁금합니다. 아마 생각이 많고, 감성이 풍부하고, 공부하기를 좋아하고, 호기심 많고, 글쓰기를 좋아했으니 어떤 형태로든 저처럼 글을 쓸지도 모를 일입니다. 그러고 보니 저는 한 번도 물어본 적이 없었습니다. 이가 빠진 동그라미가 무슨 의미인

지요. …… 그저 제 생각엔 뭔가 채워지지 않은 갈급함과 덜렁거리는
자신을 빗대어 표현하고 빠져 버린 이를 채우려는 갈망으로 생각해
봅니다.

그러고 보면 오늘의 저나 제 아이들이나 몸담는 학교 아이들도 이
가 빠진 동그라미인 접시 그릇인 것 같습니다. 그저 그렇게 버려진
존재인 듯……. 오늘의 시대에 사용가치나 교환가치로 평가되는 것을
절대가치로 규정짓는다면 이가 빠진 동그라미들은 어떻게 해야 할까
요? '이제는 밉상이라고, 보기 싫다고 버리고 대신하면 어떻게 하나?'
하는 두려움이 몸서리쳐지게 합니다.

개망초
　　　－ 김다연

　　보기 흔한 잡풀이라고
　　함부로 뽑지 마라
　　그의 가슴에도
　　기다림의 씨앗이 묻혀 있다
　　오만을 버리고
　　질기게 피워 올린
　　한 톨의 소금 꽃
　　그도 귀한 손님이다

이 두려움을 떨쳐 버리고 생명샘물 가득한 서로 사랑으로 살아가
기를 소망합니다. 좀 서툴면 기다려 주고, 힘겨워하면 기댈 어깨를 전
해 주는 훈풍으로 아름다운 세상을 만들어 가기를 바랍니다.

 ……책을 닫으며

샘물은 작은 듯하나 생명력 있어 좋습니다. 화려하지 않고, 조용히 자기 자리에서 묵묵히 자기 빛깔과 향기 내는 삶이 좋습니다.

저는 어느 작가에 빠지면 그 사람 책은 다 읽는 편입니다. 그런데 좀 지나면 좀 아니라는 생각을 하곤 합니다. 상업적인 느낌이 들면서, 비슷한 내용에 식상함을 느끼곤 합니다. 깊이가 떨어지는 것도 같습니다. 하기야 여러 책을 섭렵하고 보니 기대치가 높아져서 그런지도 모릅니다.

부익부빈익빈(富益富貧益貧)인지요……. 책도, 작가도 몇몇 소수에게만 집중되는 듯합니다. 무명작가들이 나오긴 어렵습니다. 글보다 그 사람을 포장하는 사회적 위치와 경력 같은 외양도 중요한 것 같습니다. 책도 디자인 등의 외양을 잘 갖춰야만 합니다. 쌩얼이 진짜이듯, 책도 작가도 생생한 글로 인정받아야 하는데 현실은 어느 면에선 겉모양이 더 중요합니다. 하기야 글보다는 겉모양을 먼저 접하게 되지요. 글은 그다음입니다.

문득 글 쓰다 보면 저 자신이 미화되는 듯해서 지울까 싶은 충동에 사로잡히곤 합니다. 글만 보면 저는 엄청 가정적이고, 사랑 넘치는 목사로 작은 농촌의 아이들을 사랑하는 아주 좋은 사람으로 비칠지도 모릅니다. 사실은 이건 아닌데요……

글이 사람을 다 담아내진 못합니다. 그저 제 아이들을 있는 모습 그대로 사랑하고, 양육 자체에 감사하면서 자식의 은혜를 알면서 그 고마움에 욕심 없이 살려 합니다. 입양이 참, 선입견의 베일에 싸여 있는 듯합니다만, 해 보니 어렵지도 않고, 아주 행복합니다. 사랑이는 물론이고 입양한 겨레와 가람이를 키우면서 신나게 삽니다. 그에 따라 제 것을 내려놓음도 있지만 이게 참 좋습니다. 누가 시켜서가 아니라 스스로 감내하면서 기쁩니다. 자꾸만 자꾸만 제 아이들을 키우면서 느끼는 기쁨과 지혜를 글로 써 보고 이를 책으로 엮어 볼까 하는 욕심이 생깁니다. 잘될지 모르지만 이렇게 하면서 제가 사는 이야기를 펼쳐 보고 싶습니다.

이런 작업으로 저로서는 하나의 아빠가 쓰는 육아일기가 되고, 제 삶을 돌아보고 다짐하는 것도 될 것 같습니다. 더욱이 제 글이 혹시 겨레와 가람이의 생부모님이나 남모를 이유로 아기를 직접 양육지 못한 분들과 저희처럼 입양가족들과 입양할지도 모르는 분들에게 하나의 이야깃거리가 될 것도 같습니다. 그러기에 저는 어눌한 글샘을 부끄럼도 모르고, 꾸역꾸역 펼쳐 냅니다.

이희순과 함께함으로 행복함에 웃음 짓는
한승진 올림

한승진

1969년생으로 서울 구로동에서 나고 자랐다. 현재, 익산 황등중학교에서 학교 목사와 선생으로 그리고 황등교회 어린이부 목사로 살면서 공주대학교 윤리교육학과 박사과정 중이다. 지난 2004년 6월 2일 초저체중 조산아로 태어난 딸(한사랑)이 98일간의 신생아중환자실의 고통을 이기고 잘 자라 주는 것에 감격하고 감사하면서, 이 일을 통해 생명의 소중함을 되새기며 살아가고 있다. 퇴근 후, 사랑하는 아내와 아이들과 함께 논길을 거닐며 이야기하기를 좋아한다.

2010년 2월 월간 ≪창조문예≫ 수필로 등단하였으며, 저서로는 『사랑한다 내 딸 사랑아』, 『아빠와 함께 읽는 성경이야기』, 『사람은 잇대어 살아야 해요』, 『참교육 참사랑의 학교』, 『예수님이라면 어떻게 하실까』(각색)가 있다.
현재 주간 ≪크리스챤신문≫에 '한승진 목사의 교육이야기'와 월간 ≪기독교교육≫에 '쉽게 읽는 기독교윤리'를 연재하고 있다.

esea-@hanmail.net
http://cafe.daum.net/hanlove0602

사랑하며 살래요

초 판 인 쇄 | 2010년 10월 28일
초 판 발 행 | 2010년 10월 28일

지 은 이 | 한승진
펴 낸 이 | 채종준
펴 낸 곳 | 한국학술정보㈜
주   소 | 경기도 파주시 교하읍 문발리 파주출판문화정보산업단지 513-5
전   화 | 031) 908-3181(대표)
팩   스 | 031) 908-3189
홈 페 이 지 | http://ebook.kstudy.com
E - m a i l | 출판사업부 publish@kstudy.com
등   록 | 제일산-115호(2000. 6. 19)

ISBN   978-89-268-1616-5 03040 (Paper Book)
             978-89-268-1617-2 08040 (e-Book)

어담books 는 한국학술정보(주)의 지식실용서 브랜드입니다.